Wo zwei oder drei versammelt sind

Grundkurs Liturgie – Band 1

Martin Stuflesser · Stephan Winter

Wo zwei oder drei versammelt sind

Was ist Liturgie?

Verlag Friedrich Pustet · Regensburg

Bibliografische Information Der Deutschen Bibliothek
Die Deutsche Bibliothek verzeichnet diese Publikation
in der Deutschen Nationalbibliografie;
detaillierte bibliografische Daten sind im Internet über
http://dnb.ddb.de abrufbar.

ISBN 3-7917-1895-9

Umschlaggestaltung: Martin Veicht, Regensburg
Umschlagmotiv: Mt 18,20. Bilder zur Bibel
© Evita Gründler, Regensburg
Gesamtherstellung: Friedrich Pustet, Regensburg
Printed in Germany 2004

Inhalt

Vorwort

Liebe Leserin! Lieber Leser!

Was ist Liturgie? – Als wir uns zusammensetzten, um einen „Grundkurs Liturgie“ zu konzipieren, der für die Praxis entworfen sein sollte, wurde uns schnell klar, dass wir uns nicht den einzelnen Gottesdienstformen zuwenden können, ohne zuvor die grundlegende Frage geklärt zu haben: Was ist überhaupt Liturgie?

Dabei geben wir ehrlich zu, dass diese Frage auch uns als Liturgiewissenschaftler, die sich von Berufs wegen mit dem Gottesdienst der Kirche befassen, einerseits in arge Verlegenheit gestürzt hat, ist es doch immer einfacher, sich Gedanken zu einem konkreten Thema, etwa der Gestaltung eines Gottesdienstes, zu machen, als sich den wirklich grundsätzlichen Fragen zu widmen.

Andererseits ist genau dies das Anliegen und auch die Herausforderung dieses Grundkurses: Wir wollen uns den Grundsatzfragen widmen, und wir tun dies gerade angesichts einer weit verbreiteten Unsicherheit darüber, was eigentlich konkret unter christlicher Liturgie zu verstehen ist. Denn vieles, was unseres Erachtens an „liturgischem Wildwuchs“ zu beobachten ist, scheint unter anderem auf eine Verunsicherung der Beteiligten hinsichtlich dieser theologischen Grundfragen zurückzuführen zu sein.

Der Buchmarkt bietet viele erprobte und gelungene liturgische Arbeitshilfen, die auf die verschiedensten pastoralen „Spezialfälle“ hin zugeschnitten sind. Jedoch mangelt es vielfach an einer theologisch fundierten Erschließung des Gottesdienstes bzw. seiner unterschiedlichen Formen, die sich in leicht verständlicher Weise den in der Praxis oft vernachlässigten Grundsatzfragen widmet. Einschlägige Literatur setzt allzu oft Vieles als bekannt voraus. Doch was ist überhaupt christlicher Gottesdienst? Warum liegt jüdischem und christlichem Beten dieselbe Grundstruktur zugrunde? Welche Rolle spielt die Bibel in der Liturgie, und warum ist diese Heilige Schrift eine Norm, hinter die es kein Zurück gibt? Warum ist es wichtig und zentral, diese biblischen

Texte im Gottesdienst zu verkünden – und nicht etwa unseren Ohren vielleicht angenehmere Kurzgeschichten oder andere literarische Texte wie „Der Kleine Prinz"?

Bei den Antwortversuchen auf diese und ähnliche Grundfragen möchten wir zwei Ansatzpunkte wählen, die auf den ersten Blick vielleicht ungewohnt erscheinen, aber in der Theologiegeschichte eigentlich eine lange Tradition haben und für das Nachdenken über Liturgie bleibend wichtig sind.

Die mystagogische Erschließung der Liturgie

Dieser Grundkurs erschließt die Feier der Liturgie mystagogisch. Was ist damit gemeint? Besonders die frühe Kirche kennt die Tradition der so genannten *Mystagogischen Katechesen*. Dies sind Erklärungen der Liturgie, die in unmittelbarem Anschluss an die gefeierte Liturgie gehalten wurden. Die Täuflinge, um ein besonders wichtiges Beispiel zu wählen, hatten erst die eigene Taufe erlebt, und nun wurde ihnen in der Woche nach ihrer Tauffeier die Liturgie noch einmal vertiefend gedeutet und erklärt. Der Bischof, der diese katechetische Erklärung der Liturgie im Regelfall vornahm, konnte dabei auf den Erfahrungen mit und in der Liturgie aufbauen.

Bekannte Vertreter aus der Zeit der frühen Kirche, von denen uns solche Katechesen überliefert sind, sind z. B. Cyrill von Jerusalem oder Johannes Chrysostomus. Ihr Anliegen war es, diejenigen, welche den Gottesdienst bereits mitgefeiert hatten, immer tiefer in das *Mysterium*, das „Geheimnis" der Gottesbegegnung in der Liturgie einzuführen. Das hier gemeinte Mysterium ist freilich nichts Mysteriöses. Der Ausdruck bezeichnet vielmehr im Sinne des biblischen Verständnisses das Heilshandeln Gottes in und durch Jesus Christus, das wir in der Liturgie feiern. Dieses Mysterium Gottes versuchen wir aus dem Gottesdienst heraus zu erschließen. Weil es also um eine Einweisung in das Mysterium des

Handelns Gottes an uns Menschen geht, erhält diese Form der Erklärung der Liturgie die Bezeichnung „Mystagogie" von griech.: Unterweisung/Einführung im/in das Mysterium.

Wenn wir diese alte Form der Erschließung der Liturgie wieder aufgreifen, geben wir unseren Überlegungen einen besonderen Akzent: Wir erklären die Liturgie nicht in einer Art „Trockenschwimmkurs" vorab, sondern setzen bei der Erfahrung mit der gefeierten Liturgie an. Der Grundkurs richtet sich an Menschen, die bereits seit längerer Zeit Liturgie mitfeiern. Sie bringen, ebenso wie wir, eine Fülle eigener Erfahrungen mit – positive wie negative. Wir wissen in einem bestimmten Sinne alle, wovon wir sprechen, wenn wir über Liturgie reden. Und doch gilt für uns alle ebenso der Anspruch des Zweiten Vatikanischen Konzils, dass wir in aktiver und tätiger Teilnahme den Gottesdienst mitfeiern sollen, und das ist gleichbedeutend damit, dass wir immer tiefer in das Geheimnis Gottes – sein Mysterium – eindringen, uns also nicht mit einem einmal erreichten „Wissensstand" bzw. besser: „Stand der Beziehung zu Gott" zufrieden geben dürfen.

Wir wollen deshalb in den folgenden Bänden des Grundkurses mystagogisch vorgehen: bei der gefeierten Liturgie ansetzen, wie sie uns vertraut ist, diese erklären und erläutern, umso ein vertieftes Mitfeiern der Liturgie zu ermöglichen.

Der Blick in die Liturgiegeschichte

Wir betrachten aber im Folgenden nicht nur die heute gefeierte Liturgie, wie sie uns in ihren Texten und Formen vertraut ist, sondern werfen auch immer wieder einen Blick in die Geschichte der Liturgie. Diese historischen Streifzüge dienen letztlich dem mystagogischen Anliegen: Wir stehen als Gottesdienstgemeinde in einer langen Tradition von Menschen, die im Gottesdienst die Heil schaffende Zuwendung Gottes zur Welt gefeiert haben und feiern. Die Erfahrungen vieler Generationen mit dieser Gottesbegegnung können uns helfen, uns immer mehr der geheimnisvollen Gegenwart Gottes und Jesu Christi in der Liturgie zu nähern. Wir gliedern uns durch den Blick in die Vergangenheit einer „Lern- und Feiergemeinschaft“ ein, welche die Zeiten übergreift.

Im Einzelnen geschieht dies dadurch, dass wir die Leserinnen und Leser in diesem Grundkurs mit großen Theologinnen und Theologen früherer Zeiten bekannt machen, die sich Gedanken über Form und Inhalt der liturgischen Feier gemacht haben; man könnte sagen: die für ihre Zeit versucht haben, so etwas wie einen „Grundkurs Liturgie“ vorzulegen.

Wir werden z. B. Justin den Märtyrer vorstellen. Justin war ein so genannter Apologet im 2. Jahrhundert nach Christus. Er war ein gebildeter Römer, der, philosophisch auf der Höhe der Zeit, versuchte, das junge Christentum mit der antiken Philosophie ins Gespräch zu bringen. Justin suchte den Dialog mit seinen Zeitgenossen. Damit verkörpert er ein Grundanliegen dieses Grundkurses und wird wiederum für uns zu einem spannenden Gesprächspartner, mit dem es sich lohnt, über seine Schriften in Kontakt zu treten.

Der Grundkurs Liturgie möchte einer tieferen Erschließung unserer heutigen liturgischen Vollzüge dienen. Diese Erschließung geschieht unter anderem im Blick auf Zeugnisse der Tradition, im Gespräch mit Zeuginnen und Zeugen der „Beziehungsgeschichte“ zwischen Gott und den Menschen. Diese alten und doch bleibend aktuellen Texte sollen im Hinblick auf die heutige Feier erschlossen werden, und zwar: *theologisch* erschlossen werden. Denn, wie Reiner Kunze einmal gesagt hat: „Wer die Vergangenheit nicht kennt, den kann es die Zukunft kosten!“ Ziel einer solchen mystagogischen Erschließung ist letztlich, dass wir im Hier und Jetzt die über Jahrhunderte gewachsene Liturgie aktiver und bewusster mitfeiern können, mit den Worten des Apostels Paulus: „zum Lobpreis seiner Herrlichkeit!“ (Eph 1,12.14).

Stephan Winter
Martin Stuflesser

1 „Da berühren sich Himmel und Erde"
Die dialogische Grundstruktur aller Liturgie

1.1 „Dies ist die Nacht ..."
Ein erster Zugang zum Phänomen der Liturgie

Osternachtfeier in einer beliebigen katholischen Gemeinde: Christen feiern den Höhepunkt des liturgischen Jahres, das tiefste Geheimnis ihres Glaubens: Tod und Auferstehung Jesu Christi. Wie bereits an den beiden vergangenen Tagen – Gründonnerstag und Karfreitag – entfaltet sich der Gottesdienst in besonders vielfältiger und auffallender Form. Zu Beginn begibt sich die versammelte Gemeinde zum Osterfeuer, das gesegnet und an dem die Osterkerze, ferner die Kohle für das Abbrennen des Weihrauchs entzündet werden. Mit dem dreifach intonierten Ruf *„lumen Christi* – Licht Christi", auf den die Gemeinde antwortet: *„Deo gratias* – Dank sei Gott", wird die Kerze in den dunklen Kirchenraum hineingetragen, und es ist faszinierend, wie das Licht einer einzigen Kerze sofort die Atmosphäre dieses Raumes verändert. Schließlich verteilt sich das Licht in die Runde und ein Diakon oder Kantor singt den österlichen Lichtlobpreis, das Exsultet. Dieser Gesang bündelt – wie vielleicht kaum ein anderes liturgisches Element – in poetischer Sprache die Grundbausteine, auf denen der christliche Glaube fußt. Hier seien nur einige Verse, die der Einfachheit halber von 1 an aufwärts durchgezählt werden, beispielhaft betrachtet (die Übersetzung ist dem Messbuch entnommen):

➜ [1]Gekommen ist das heilige Osterfest, an dem das wahre Lamm geschlachtet ward, dessen Blut die Türen der Gläubigen heiligt und das Volk bewahrt vor Tod und Verderben.

[2]Dies ist die Nacht, die unsere Väter, die Söhne Israels, aus Ägypten befreit und auf trockenem Pfad durch die Fluten des Roten Meeres geführt hat.

[3]Dies ist die Nacht, in der die leuchtende Säule das Dunkel der Sünde vertrieben hat.

[4]Dies ist die Nacht, die auf der ganzen Erde alle, die an Christus glauben, scheidet von den Lastern der Welt, dem Elend der Sünde entreißt, ins Reich der Gnade heimführt und einfügt in die heilige Kirche.

[5]Dies ist die selige Nacht, in der Christus die Ketten des Todes zerbrach und aus der Tiefe als Sieger emporstieg.

Zu diesem Text, der sicherlich für die meisten heutigen Ohren fremd klingt, seien einige erste Überlegungen angestellt. Lässt man V. 1 zunächst einmal beiseite, so erfährt sich derjenige, der die Osternacht mitfeiert, durch das Exsultet offensichtlich in eine andere Zeit und an einen anderen Ort versetzt: Diese Osterfeier findet statt, so die überraschende Feststellung, in der Nacht, in der Gott die Israeliten aus Ägypten befreit und durch das Rote Meer geführt hat (V. 2). Nochmals einen Vers überspringend steigert sich das Erstaunen weiter: Der Gesang kehrt in die Gegenwart zurück und schlägt eine Brücke zu allen in der Welt, die an Christus glauben; von ihnen wird gesagt, sie würden von Sünde und Lastern befreit und der Gnade teilhaftig, in der Gemeinschaft der Heiligen. Und in V. 5 muss man wiederum einen „Zeitsprung" mitmachen und sieht sich mitten hineingenommen in die Gegenwart der Auferstehung Jesu Christi.

Solche „Zeitsprünge" scheinen charakteristisch zu sein für die Liturgie der Osternacht, ja für Liturgie überhaupt: Nachdem das Exsultet verklungen ist, hört die Gemeinde in den acht biblischen Lesungen noch einiges mehr über die Stationen der Weltentwicklung, die bereits im Lobpreis der Osterkerze anklingen. Die

Texte spannen einen weiten Bogen, der bei der Schöpfung beginnt (1. Lesung: Gen 1,1–2,2); sie berühren am Beispiel Abrahams und Isaaks die Zeit der Urväter, die sich noch gänzlich jeder exakten Geschichtsschreibung entzieht (2. Lesung: Gen 22,1–18), und thematisieren dann die weitere Geschichte des Volkes Israel, beginnend mit der Befreiung des Volkes aus Ägypten (3. Lesung: Ex 14,15–15,1). Weitere Phasen dieser Geschichte spiegeln sich in den Lesungen aus den prophetischen Büchern der Bibel wider, die unter anderem ausblicken auf die Vollendung der Welt (4./5. Lesung: Jes 54,5–14/55,1–11; Bar 3,9 – 4,4; Ez 36,16–28). In der heute vorgesehenen Ordnung folgen dann das Gloria, das Tagesgebet und die Lesungen aus dem Neuen Testament: Röm 6,3–11 und das Evangelium von der Auferweckung Jesu, bevor der Gottesdienst, nach der Schriftauslegung, mit der Tauffeier weitergeht, dem dritten großen Teil nach Lichtfeier und Wortverkündigung, und schließlich in die Eucharistiefeier mündet.

Schon nach diesen wenigen Beobachtungen kann man zum Stichwort „Liturgie" oder: „Gottesdienst" – beide Ausdrücke werden hier gleichbedeutend gebraucht – festhalten:

!

Liturgie
stellt die konkrete Gemeinde hinein in außergewöhnliche raum-zeitliche Bezüge: zur Vergangenheit, wie sie biblische Texte erzählen; zu allen anderen Menschen auf der Welt, die an Christus glauben; zur Zukunft, in der einst Gottes Reich umfassend verwirklicht sein wird.

Allerdings ergeben sich auch Fragen:

?

Eine Erste Frage lautet:
Wieso braucht es für die Begegnung mit Gott in der Liturgie die Beschäftigung mit Geschichten aus längst vergangenen Zeiten?

Eine Spur zur Beantwortung dieser Frage findet sich in den Versen 1 bzw. 3 des Exsultet, die oben zunächst ausgelassen wurden.

An der erstgenannten Stelle ist die Rede davon, dass anlässlich der Osterfeier „das wahre Lamm geschlachtet ward, dessen Blut die Türen der Gläubigen heiligt und das Volk bewahrt vor Tod und Verderben“. Offensichtlich wird hier auf eine Begebenheit in der Erzählung vom Auszug aus Ägypten angespielt, und zwar aus dem Teil der Geschichte, der am Abend des Gründonnerstags gelesen wird. Dort wird den Israeliten aufgetragen, am Vorabend der Befreiung pro Hausgemeinschaft bzw. Nachbarschaft ein Lamm nach genauen Vorschriften zu verzehren. Wer die Stelle in Ex 12,1–42 liest, merkt schnell, dass in der Textfassung, wie sie heute vorliegt, erzählende Partien und rituelle Vorschriften für die Gestaltung des jüdischen *Pesach-* (hebr.) oder griech.: *Pascha*-Festes (der Ausdruck wird weiter unten noch thematisiert) ganz eng ineinander verwoben sind. An diesem Fest gedenken die Juden bis heute der Befreiung aus Ägypten mit einem Mahl, das nach genauen Vorschriften in den Familien gefeiert wird. Auf Einzelheiten dieses vielschichtigen Abschnitts müssen wir hier nicht weiter eingehen. Worauf es jetzt ankommt, ist lediglich die Vorschrift, dass die Israeliten Teile des Lammblutes nehmen sollen, um die beiden Türpfosten und den Türsturz der Häuser damit zu bestreichen (vgl. Ex 12,7):

→

Ex 12

12 In dieser Nacht gehe ich durch Ägypten und erschlage in Ägypten jeden Erstgeborenen bei Mensch und Vieh. Über alle Götter Ägyptens halte ich Gericht, ich, der Herr.

13 Das Blut an den Häusern, in denen ihr wohnt, soll ein Zeichen zu eurem Schutz sein. Wenn ich das Blut sehe, werde ich an euch vorübergehen, und das vernichtende Unheil wird euch nicht treffen, wenn ich in Ägypten dreinschlage.

Für die Liturgie der Osternacht ist klar, dass *das* Ereignis der Geschichte Israels – die Befreiung aus Ägypten – ein *Heils*ereignis ist. Zwischen dem „lieben Gott", den Jesus Christus in Wort und Tat verkündet hat, und dem so genannten „Gott des Alten Testaments", von dem manchmal in drastischen Bildern erzählt wird, kann nicht unterschieden werden. Dadurch, dass das Exsultet als Interpretationsschlüssel vor die gesamte Feier gestellt ist, erhält die Gemeinde eine „Lesehilfe" für alles Folgende: Die alttestamentlichen Texte sind nicht bloße Vorbereitung des Eigentlichen oder dienen nicht einfach als Folie, auf der sich das Christusereignis umso besser herausheben lässt. Vielmehr erzählen die Lesungen dieser Nacht *alle* von ein- und demselben Gott und seinem Heilswirken in der Geschichte der Menschen. Jesu Kommen, sein Leben, Sterben und Auferstehen, kurz: das Geheimnis seiner Person erschließt sich nur, wenn es im Licht der gesamten Heiligen Schrift gesehen wird. „Die Einheit der beiden Testamente darf nicht zerrissen werden. Ohne diesen Zusammenklang von Altem und Neuem Testament hinge die Osterbotschaft förmlich in der Luft. Und umgekehrt enthalten die alttestamentlichen Texte bereits die Frohbotschaft: Gott will von Anfang an das Heil der Menschen. Wer Ostern verstehen will, muss sich an alles erinnern, was Gott getan hat" (G. Steins, 14).

Wie das Exsultet das Ostergeschehen entschlüsselt, zeigt z. B. der zitierte Vers 1, der eine enge Beziehung zwischen Jesus Christus, der als „jenes wahre Lamm" bezeichnet wird (vgl. Offb 5,6.9.12) bzw. zwischen seinem Kreuzestod und der Schlachtung der Paschalämmer beim Auszug aus Ägypten herstellt. Mit den „Türen der Gläubigen", die durch Jesu Blut geheiligt werden, sind nach alter Tradition die Stirnen derer gemeint, die sich taufen lassen: Ihnen wird im Verlauf des Taufritus das Zeichen der Erlösung, das Kreuz, auf die Stirn gezeichnet. So schreibt z. B. der heilige Augustinus:

➜ **Tract. in Ev. Ioan. 55,1**

Jetzt also ist jenes prophetische Vorbild in Wahrheit erfüllt, da Christus wie ein Schaf zum Schlachten geführt wird, durch dessen Blut wir, wenn unsere Türpfosten besprengt, d. h. wenn unsere Stirnen mit dem Zeichen seines Kreuzes bezeichnet sind, vom Verderben dieser Welt wie von der ägyptischen Knechtschaft oder Hinmetzelung befreit werden.

Zwei große Linien der frühchristlichen Ostertheologie fließen in diesem einen Vers des Exsultet zusammen:

(1) Auf der einen Linie wird „Pascha" von griech. „*paschein*, lat.: *pati*; *passio* – leiden" abgeleitet. Der Kreuzestod Jesu Christi erhält seine Deutung vom alttestamentlichen Pascha her, wie schon in 1 Kor 5,7c: „… denn als unser Paschalamm ist Christus geopfert worden." Wie erwähnt, gedenken die Juden der Befreiung aus Ägypten, wie sie im Buch Exodus beschrieben ist, indem sie ein Mahl feiern, das nach uralten Vorschriften gestaltet wird. Im Mittelpunkt dieses Mahls steht der Verzehr eines Lammes. Die Mahlgemeinschaft glaubt sich durch diese rituellen Handlungen mit hineingenommen in die Befreiungstat Gottes an den Vorfahren. Was in der Schlachtung der Paschalämmer vorgezeichnet ist, wird in der Kreuzigung Jesu Christi vollendet: Gott schenkt die endgültige Befreiung von Tod und Verderben.

(2) Die zweite Linie der frühchristlichen Interpretation des Osterfestes liest „Pascha" von der Bedeutung „Durchgang" – griech.: *diabasis*, lat.: *transitus* – her. So, wie die Israeliten aus Ägypten heraus und durch die Fluten des Roten Meeres geführt worden sind, ist die Taufe ein Durchgang von der Knechtschaft des Todes in die Freiheit des Lebens, ein Pascha auf den Spuren Israels und Jesu.

Die Liturgiekonstitution des Zweiten Vatikanischen Konzils wählt deshalb als Schlüsselbegriff „Pascha-Mysterium“:

➔ **Art. 5 der Liturgiekonstitution**

So ist in Christus „hervorgetreten unsere vollendete Versöhnung in Gnaden, und in ihm ist uns geschenkt die Fülle des göttlichen Dienstes! Dieses Werk der Erlösung des Menschen und der vollendeten Herrlichkeit Gottes, dessen Vorspiel die göttlichen Machterweise am Volk des Alten Bundes waren, hat Christus, der Herr, erfüllt, besonders durch das Pascha-Mysterium: Sein seliges Leiden, seine Auferstehung von den Toten und seine glorreiche Himmelfahrt.

Der letzte der noch nicht besprochenen Exsultet-Verse – „Dies ist die Nacht, in der die leuchtende Säule das Dunkel der Sünde vertrieben hat“ – bestätigt diese Deutung und rückt wieder das Zeichen, das besungen wird, die Osterkerze, in den Blick: Die Erleuchtung der Finsternis spielt auf ein weiteres Ereignis der Exodusgeschichte an (vgl. Ex 13,20–22), die Führung des Zuges der Israeliten durch eine Wolkensäule am Tag und durch eine Feuersäule bei Nacht, während die Reinigung von Sünde und Schuld die Wirkung der Taufe ist (vgl. Tob 12,9; Hebr 1,3 u. ö.). Diese Begriffe erschließen sozusagen „von zwei Seiten“ den Ausdruck „Säule“, der zugleich die Feuersäule der alttestamentlichen Erzählung wie die Osterkerze und damit Christus selber bezeichnet. Wiederum leuchtet der gottesdienstlichen Versammlung auf, dass es sich immer um ein- und denselben Gott handelt, der seit Anbeginn der Welt den Menschen heilend begegnen will, und für den das Bild des reinigenden Feuers stehen kann (vgl. Num 31,23).

An dieser Stelle unterbrechen wir zunächst die Erläuterung der österlichen Lichtfeier. Anhand des Exsultet konnte ein Teil der Antwort auf die oben gestellte Frage gegeben werden, weshalb für die Begegnung mit Gott in der Liturgie auf eine ganz bestimmte

Auswahl von Texten und Symbolen zurückgegriffen wird, die sich auf Ereignisse einer fernen Vergangenheit beziehen. Nochmals anhand des Osterlobes gesagt: Die Nacht, innerhalb der die Gemeinde Ostern feiert, lässt sich nur verstehen, wenn sie auf dem Hintergrund der großen Nächte der Heilsgeschichte gedeutet wird, von denen die biblischen Texte berichten. Unsere heutige Leseordnung mit sieben alttestamentlichen Lesungen nimmt eine alte frühjüdische Tradition auf: Die Osternachtslesungen spannen einen weiten Bogen von der Schöpfung der Welt bis zu ihrer Vollendung. In dichterischer Sprache drängt das Exsultet die vielen Ereignisse, in denen der jenseitige Gott in das Diesseits, in unsere Welt, zur Rettung der Menschen hineinkommt, in „diese Nacht" zusammen. Kurz gesagt und als Merksatz festgehalten:

Der Gottesdienst ermöglicht der versammelten Gemeinde Begegnung mit Gott, indem er sie durch die ausgewählten Texte und nonverbalen Symbole (wie z. B. die Osterkerze) zu den großen Heilstaten Gottes in der Geschichte der Welt in Beziehung bringt.

Die Versammelten sollen mit ihrer gegenwärtigen Existenz in dieses Heilswirken hineingenommen werden, weil diese Ereignisse, die in der Vergangenheit liegen, offenbar nach dem Willen Gottes Bedeutung für alle Zeiten haben und untereinander wie mit der jeweiligen Gegenwart in einer engen Beziehung stehen.

Hier stellen sich zwei weitere Fragen:

Wie soll das gehen, dass eine heutige Feiergemeinde in die Ereignisse, von denen die Texte der biblischen Lesungen berichten, gleichsam „hineinversetzt" wird?

Wie kann es überhaupt sein, dass Gott, der unendlich, nicht Teil dieser Welt ist, und die Menschen, die in Zeit und Raum leben, einander begegnen können?

1.2 Liturgie als der gefeierte Glaube der Kirche

Zur Beantwortung dieser Fragen müssen wir uns die Feier der Liturgie als *Glaubensgeschehen* bewusst machen. Im „Gesamtkunstwerk“ Liturgie nimmt der Glaube der Gemeinde eine rituelle Gestalt an. (Der Ausdruck „Ritus“ bezeichnet eine festgelegte Abfolge gottesdienstlicher Handlungen.) Wenn hier über Liturgie *nachgedacht* wird, ist dies gegenüber der Feier selbst stets nachrangig: Eigentlich muss man erst Liturgie feiern, um über sie nachdenken zu können, und die Feier bleibt gegenüber dem Nachdenken über sie immer das Entscheidende. Die gottesdienstliche Praxis hat für die christliche Gemeinschaft Priorität, hier vollzieht sie ihren Glauben. Erst in einem zweiten Schritt kann man, z. B. als Liturgiewissenschaftler, diese Praxis untersuchen und die Glaubensinhalte herausarbeiten, die in sie eingebettet sind. So geht auch dieser GKL vor: Er ist *mystagogisch* angelegt, d. h.: Letztlich führt er nicht *über* die vorausgesetzte gottesdienstliche Praxis *hinaus*, sondern führt mittels Erläuterung dieser Praxis tiefer *in* sie *hinein* (vgl. oben, Vorwort).

Für unsere Fragestellung folgt daraus, dass der Gottesdienst bzw. dessen einzelne Elemente (Texte, Symbole, ...) nur dann als Ereignisse der Gottesbegegnung wahrgenommen werden können, wenn man sie *im Glauben* betrachtet. Das ist keineswegs zwingend. Man kann gottesdienstliche Vollzüge auch, wie dies z. B. ein Religionswissenschaftler tut, einfach nur mit den gewöhnlichen menschlichen Sinnen erfassen und beschreiben. Ob das Gebet der Christen z. B. *tatsächlich* ein Gegenüber hat, das die Christen Gott nennen, ob dieser angebetete Gott *tatsächlich* existiert, ist für eine solche Beschreibung nicht relevant. Am Beispiel der österlichen Lichtfeier: Der Religionswissenschaftler könnte Bezüge zwischen den religiösen Praktiken anderer Völker herausstellen, in denen ebenfalls das Verhältnis von Licht und Dunkel eine große Rolle spielt; aber ob die Aussage: „Christus ist im Licht der Osterkerze gegenwärtig“, wie sie das Exsultet vielfältig besingt, *tatsächlich* zutrifft, ist für den Religionswissenschaftler nicht wichtig, denn er analysiert lediglich den faktisch gelebten *Glauben der*

Christen. Die theologische bzw. im engeren Sinne liturgiewissenschaftliche Betrachtung hingegen beschäftigt sich mit den *Gegenständen des christlichen Glaubens*, vornehmlich mit Gott, von dem dieser Glaube aussagt, dass er sich unter anderem in Jesus Christus geoffenbart habe:

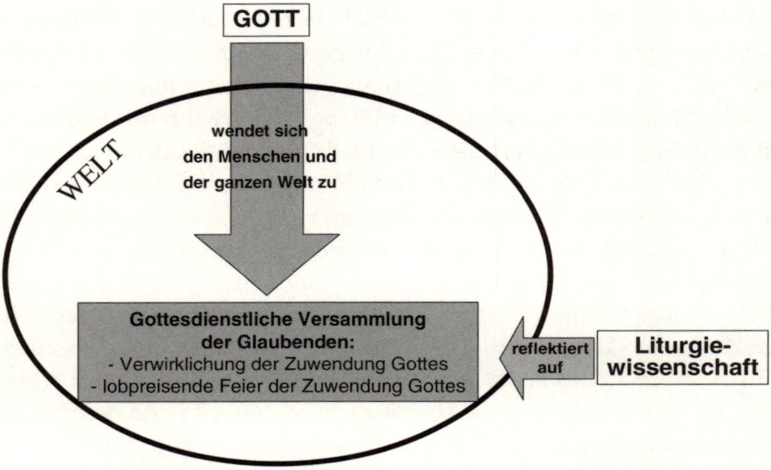

Die Zuwendung Gottes und der Glaube der Menschen in der gottesdienstlichen Versammlung als Gegenstand liturgiewissenschaftlicher Reflexion

Der Gegenstand der Liturgiewissenschaft lässt sich auf die kurze Formel bringen:

!

Die theologische Disziplin Liturgiewissenschaft reflektiert

- **das Handeln Gottes, der sich der ganzen Welt und den Menschen zuwendet, insofern sich dieses Handeln im Gottesdienst verwirklicht;**
- **den Glauben der gottesdienstlichen Gemeinschaft an Gott, insofern dieser Glaube im Lobpreis Gottes zum Ausdruck kommt.**

Wer den christlichen Gottesdienst so versteht, dass hier Gottesbegegnung stattfindet, muss also voraussetzen, dass die Einstellung des Glaubens (im religiösen Sinne) für den Menschen tatsächlich einen Zugang zur Wirklichkeit bietet.

Jetzt ist zu fragen, inwiefern der Glaube bzw. seine Grundstruktur den Schlüssel zu den formulierten Leitfragen darstellt. Nur wer glaubt, kann die Liturgie als ein Geschehen deuten, innerhalb dessen

- Ereignisse verschiedener Zeitstufen, die an unterschiedlichen Orten stattgefunden haben bzw. stattfinden, ineins zusammenfallen, und
- sich die Unendlichkeit Gottes und die Welt der Menschen berühren.

Ein solcher Glaube kann *einerseits* nicht ausschließlich etwas sein, was der Mensch allein aus eigener Kraft leistet, denn er ist ja der Endlichkeit unterworfen und an Raum und Zeit gebunden. *Andererseits* muss der Glaube eine Aktivität sein, die dem Menschen entspricht, die zu dem passt, was sein Dasein grundlegend prägt. Bevor deshalb näher betrachtet wird, in welchen Formen Gott dem Menschen begegnet (ist), richtet sich der Blick auf den menschlichen Part des Begegnungsgeschehens. Denn nochmals: Soll Begegnung zwischen Gott und Menschen möglich sein, muss der entsprechenden Initiative Gottes eine Anlage der Menschen entsprechen, um die göttlichen Handlungen auch als „Angebot zur Begegnung“ zu verstehen.

1.3 Die menschlichen Voraussetzungen der Begegnung von „Himmel und Erde"

Wo stehen die Überlegungen jetzt? Sie hatten eingesetzt mit der Beschreibung einer Osternachtfeier, vor allem des Exsultet. Dabei hatte sich gezeigt, dass der Gottesdienst der Gemeinde Begegnung mit Gott vermitteln will. Konkret soll dies geschehen, indem die Versammelten irgendwie in die großen Heilstaten Gottes, die er in der Geschichte an seinem Volk Israel sowie an und durch Jesus Christus gewirkt hat, mit hineingenommen werden (Abschnitt 1).

Im nächsten Schritt wurde festgestellt, dass der Gottesdienst nur dann als ein solches Geschehen tatsächlicher Gottesbegegnung begriffen werden kann, wenn er im Glauben vollzogen bzw. betrachtet wird (Abschnitt 2): Anders würde man in der rituellen Inszenierung, die jede Liturgie darstellt, nicht eine Verwirklichung göttlichen Heilshandelns sehen, sondern lediglich eine unter vielen Möglichkeiten des Menschen, seiner Religiösität Ausdruck zu verleihen. Diesen Ritus könnte man ganz neutral beschreiben, ebenso wie die religiösen Praktiken anderer Kulturen, Stämme, Völker. Für den biblischen Glauben ist klar, dass die Verbindung zwischen der endlichen Welt und der Ewigkeit Gottes nur zustande kommen kann, wenn die Initiative auf der Seite Gottes liegt, und zwar so, dass er sich zum einen frei dazu entscheidet, mit den Menschen Kontakt aufzunehmen, und dass er ihnen zum anderen auch den „Sensus" dafür schenkt, diesen Kontakt als das, was er ist, zu erkennen. Dieser „Sensus" muss zu entdecken sein; nur dann lässt sich zeigen, dass der Glaube nicht etwas ist, was dem Menschen „aufgenötigt" wird, ihm aber eigentlich wesensfremd ist. Positiv gesagt: Eigentlich müsste das Angebot der Begegnung, das Gott dem Menschen macht, wie ein Schlüssel sein, der in ein Schloss des Menschen passt. Der Glaube, wie ihn Christen in der Liturgie feiern, wäre dann *die* Erfüllung für ein Sehnen und Streben, das die Existenz des Menschen prägt; er wäre wie eine Antwort auf ein Fragen, das dem Menschen als Menschen eigen ist. Um diesen „Sensus", um dieses „Schloss" geht es im

Folgenden. Dazu müssen wir uns fragen, wie wir uns eigentlich selbst erleben, z. B. wenn wir Liturgie feiern: Was sind das für Wesen, die sich in dieser Weise verhalten? Was macht uns Menschen „im Kern" aus? Mit diesen Fragen sind wir mittendrin in einem Projekt der neueren Theologie:

Der Ansatz einer Theologie nach der „anthropologischen Wende"

Ein bedeutender Strang der jüngeren Theologie thematisiert ausdrücklich – im Anschluss vor allem an den Jesuitentheologen Karl Rahner (1904–1984) – die Voraussetzungen für den Empfang der Offenbarung, die auf der Seite der Menschen vorhanden sein müssen (der Ausdruck „Offenbarung" bezeichnet hierbei die Begegnungsinitiative Gottes in ihren vielfältigen Formen). Für diese theologischen Bemühungen hat sich im Allgemeinen der Begriff „anthropologische Wende" etabliert. Im Bild gesprochen: Die Theologie betrachtet nicht mehr nur ausdrücklich Gottes Schlüssel, mit dem er das menschliche Schloss aufschließen will, bzw. ihn als denjenigen, der den Schlüssel benutzt, sondern auch das Schloss selbst.

! **Eine Theologie nach der anthropologischen Wende kreist im Kern um drei Probleme:**

- **Nach christlichem Verständnis soll Gottes Begegnungsinitiative, seine Offenbarung, den Menschen so erreichen können, dass er diese Initiative als für ihn unbedingt verbindlich annehmen kann. Der Mensch muss deshalb so etwas wie eine „Antenne" für eine solche Begegnungsinitiative haben, sonst könnte er diese ja gar nicht aufnehmen.**

- **Gemäß der Heiligen Schrift hat Gott sich nicht nur durch das gesprochene Wort im herkömmlichen**

Sinn geoffenbart, sondern auch durch sein „fleischgewordenes Wort" (vgl. Joh 1,14): In Jesus Christus hat Gott sich selbst „verleiblicht". Dementsprechend muss der ganze Mensch in seiner raum-zeitlichen Verfasstheit, „mit Leib und Seele", empfänglich sein für Gottes Heilshandeln; er muss erfahren können, dass dieses umfassende Heilshandeln darauf gerichtet und dazu geeignet ist, sein Fragen nach Sinn für die eigene Existenz und das Gesamt der Welt zu beantworten.

- **Das Besondere des (jüdisch-)christlichen Glaubens besteht darin, dass er sich einerseits auf ganz bestimmte, an bestimmten Orten und zu bestimmten Zeiten geschehene Begegnungsinitiativen bzw. Heilstaten Gottes beruft, der christliche Glaube nochmals zugespitzt auf ein Heilswerk, das sich in Jesus Christus „ein für alle Mal" (vgl. Hebr 9,12; 10,10 u. ö.) vollzogen hat. Diese Begegnungsinitiativen sind in den Heiligen Schriften des Alten und Neuen Testaments überliefert. Andererseits soll dieses Heilswirken Gottes für alle Menschen bestimmt sein. Folglich müssten sich Grundbefindlichkeiten des Menschen aufweisen lassen, die alle regionalen, geschichtlich-sprachlichen Unterschiede übergreifen, und die es ermöglichen, dass sich prinzipiell jeder Mensch für das einmal geschehene Heilswirken öffnen und dieses Wirken verstehen kann.**

Die Frage, der nachzugehen ist, lautet folglich:

? **Welche Grundbefindlichkeiten des Menschen machen ihn für die Begegnung mit Gott „empfänglich"? Inwiefern hat der Mensch eine „Antenne" für die „Signale" Gottes, „ein offenes Ohr" für das „Wort Gottes"?**

Grundbefindlichkeiten menschlicher Existenz

Das Merkwürdige an der Anthropologie ist, dass der Mensch hier nach sich selbst fragt. Merkwürdig ist dies auf den ersten Blick deshalb, weil er sich doch selber am besten kennen müsste. Auf den zweiten Blick dürfte schnell klar sein, dass der Mensch sich zwar normalerweise so gut kennt, dass er im Alltag mit sich umgehen kann, seine normalen Lebensabläufe gut funktionieren; wenn er aber einmal Gelegenheit hat, ausdrücklich diese Abläufe zu betrachten, stellt er fest, wie vielfältig und kompliziert diese Abläufe sind. Wir erleben uns dann als ein Subjekt – von lat. subiectum: das Zugrundeliegende –, das mit seinem Erleben, Fragen, Handeln in einer unglaublich großen Anzahl von Beziehungen zu anderen Menschen und Lebewesen wie zu unbelebten Dingen steht: Wir beeinflussen unsererseits aktiv alles das, was um uns herum ist, und umgekehrt beeinflusst dieses Umfeld uns. Das gilt natürlich auch für andere Lebewesen, vor allem Tiere; aber die Menschen sind die einzigen Wesen in dieser Welt, die diese Bezüge, in denen sie stehen, denken und bedenken können.

Man kann diese Grundstruktur menschlicher Existenz so zusammenfassen, dass man den Menschen als eingebunden in eine spezifische Lebenswelt beschreibt: Eine Lebenswelt zu haben heißt, sich zur je eigenen Umgebung in ein Verhältnis zu setzen. Jeder Mensch erfährt sich eingebettet in „seine kleine Welt". Diese Welt ist nicht einfach identisch mit dem, was dem einzelnen Menschen von der „großen Welt", der Gesamtheit aller existierenden Dinge, irgendwie zugänglich ist. Die Lebenswelt enthält vielmehr alles das, was für einen Menschen bedeutsam ist, vor allem seine Mitmenschen, seine Erlebnisse und das, was der Mensch selbst gestalten kann. Die meisten Elemente der Lebenswelt sind deshalb für einen Menschen auch nicht einfach da, sondern er hat gegenüber diesen Dingen Gefühle und empfindet etwas für sie.

Die Offenbarung Gottes muss an der lebensweltlichen Einbettung der Menschen anknüpfen, wenn sie die Menschen erreichen soll, denn nur so kann sie für die Menschen überhaupt Bedeutung erlangen. Der Mensch muss in der Lage sein, diese Offenbarung in seine Lebenswelt „einzubauen". Oben wurde aber außerdem betont, dass prinzipiell *jeder* Mensch für die Begegnung mit Gott ansprechbar sein muss. Das heißt: So verschieden die einzelnen Lebenswelten sein mögen, sie müssen doch *Grundbefindlichkeiten* aufweisen, die ihnen allen zukommen. Drei dieser Grundbefindlichkeiten sind Sprachlichkeit, Zeitlichkeit/Geschichtlichkeit und Leiblichkeit. (Sicherlich genauso fundamental ist die Sozialität, die Gemeinschaftsorientierung des Menschen; dies scheint innerhalb der Besprechung der drei genannten Begriffe immer wieder auf.)

Sprachlichkeit

Wenn einem Menschen unserer Kultur, welcher der deutschen Sprache mächtig ist, ein Ding begegnet, das aus einer flachen Platte besteht, die auf vier Beinen ruht, und das braun ist, wird er dieses Ding als braunen Tisch einordnen. Natürlich gibt es dieses Ding auch unabhängig davon, dass es jemand wahrnimmt und als Tisch bestimmt. Aber *für* diesen konkreten Menschen ist es nur insofern relevant, als er es *als Tisch* in seine Lebenswelt einordnet, und so ist das mit allen Dingen, die einem Menschen begegnen: Sie werden maßgeblich insofern erfasst, als sie sprachlich bezeichnet werden, wie hier z. B. mit dem Ausdruck „Tisch". Für einen Sprecher, der den Begriff „Tisch" nicht zur Verfügung hat, erscheint stattdessen irgendein brauner Gegenstand. Noch extremer zeigt sich dieses Phänomen im Fall vieler Dinge aus dem Bereich des Denkens (Pläne, Erklärungen, Theorien): Sie sind überhaupt erst zugänglich, wenn sie sprachlich erfasst werden.

Menschen ordnen ihre ganze Lebenswelt sprachlich. Sie haben im Grunde nur zu den Dingen einen Zugang, die sie sich sprachlich erschließen.

Nur das, was sprachlich zum Ausdruck gebracht wird, ist gegenüber anderen Menschen kommunizierbar; wie sollte man sonst einander mitteilen, wie das eigene Erleben, wie die persönliche Lebenswelt aussieht? Manchmal markiert der sprachliche Ausdruck dabei – bildlich gesprochen – sogar nur Konturen für das, was man „eigentlich" sagen will, aber (noch) nicht treffender auszudrücken vermag. Jedoch zumindest dies ist vonnöten, soll das Gemeinte lebensweltliche Bedeutung erlangen. Eine solche „Konturierung" eines Sachverhaltes liegt ganz oft dann vor, wenn

Menschen über ihre Gefühle sprechen: „Dieses Theaterstück hat mich sehr betroffen gemacht. Ich fühle mich wie … wie ein Boot auf dem Meer, das durch die Wellen hin- und hergeworfen wird, nein, das trifft es nicht ganz, aber so ungefähr; besser kann ich meine Empfindungen jetzt nicht ausdrücken."

Das menschliche Leben ist wesentlich sprachlich: In der Sprache drückt der Mensch aus, dass und wie er sich zu sich selbst, zu anderem und zu anderen in Beziehung setzt! In Kommunikation drücken Menschen sich aus und erhalten dabei auch über sich selbst größere Klarheit. Je nachdem, wie sie diese Kommunikation gestalten, wie kompetent in der Sache und wie authentisch, gestalten sie die Beziehungen zu anderen Menschen und zu ihrer Umwelt mit, was wiederum auf sie selber zurückwirkt usf.

Im Kommunikationsgeschehen werden allerdings auch Grenzen sprachlichen Austausches deutlich: Bis zu einem gewissen Grad ermöglicht die Sprache, anderen an der eigenen Lebenswelt Anteil zu geben. Aber die Ich-Perspektive bleibt dennoch uneinholbar: Niemand kann meine Lebenswelt exakt genauso erfassen, wahrnehmen, empfinden wie ich selbst. Hinzu kommt, dass sich nicht die gesamte Lebenswelt in Worte bringen lässt, jedenfalls nicht so, dass vollständig darstellbar ist, was die Perspektive der ersten Person letztlich ausmacht.

Zeitlichkeit/Geschichtlichkeit

Ich stelle mir vor, wie schön es wäre, ein Buch zu schreiben oder ein Zimmer einzurichten. Nach und nach konkretisieren sich die Pläne, nimmt die Idee mehr und mehr Gestalt an. Ich träume davon, wie ich das fertige Buch in Händen halte oder mich in dem fertiggestellten Zimmer aufhalte. Natürlich prüfe ich auch, ob ich schon alles vorbereitet habe, um das Projekt angehen zu können, ob alle Materialien vorhanden sind, meine Fähigkeiten zur Umsetzung der Pläne ausreichen.

Solche oder ähnliche Erfahrungen machen wir beinahe täglich. In ihnen zeigt sich die *innere Zeitlichkeit* menschlichen Handelns. Wir teilen zwar die Zeit als Naturzeit, die chronologisch-kalendarisch geordnet ist, oder als Geschichtszeit ein, wobei letztere ihr Raster nach inhaltlichen Gesichtspunkten wie z. B. relevanten

Daten (Christi Geburt) oder großen Epochen (Antike, Mittelalter, Neuzeit) erhält; wir unterscheiden nach Vergangenheit, Gegenwart und Zukunft. Doch für unsere lebensweltliche Erfahrung ist entscheidend, dass jede Gegenwart tiefgreifend von der Vergangenheit und der Zukunft geprägt ist: Die gegenwärtigen Handlungsmöglichkeiten ergeben sich maßgeblich durch die in der Vergangenheit geschaffenen Voraussetzungen und sind ausgerichtet auf ein in der Zukunft liegendes Ziel. Und ich entwerfe nicht nur einen Plan z. B. für die Neugestaltung eines Zimmers, sondern ich sehe mich auch schon in diesem Zimmer: Ich entwerfe mich ein Stück selbst. Außerdem hängt das Gelingen des Plans unter anderem von meiner Vergangenheit, meinen bisher erbrachten Leistungen ab: „Die Zeitlichkeit des Handelns besteht also in der Tatsache, dass man nicht nur eine Vergangenheit hinter sich und eine Zukunft vor sich hat, sondern dazu immer auch ein Verhältnis entwickelt, wodurch bestimmt wird, *wie* man seine Vergangenheit ‚hinter sich', seine Zukunft ‚vor sich' und seine Gegenwart ‚in sich' hat" [G. Haeffner, Philosophische Anthropologie, 111].

Der Ausdruck *„Geschichtlichkeit"* bezeichnet die Zeitlichkeit menschlichen Seins, insofern die Menschen eingebunden sind in soziale, politische und kulturelle Einheiten. Auf dieser Ebene zeigt sich das „Zusammenspiel" von Gegenwart, Vergangenheit und Zukunft auf entsprechende Weise. Jeder einzelne Mensch ist „Kind seiner Zeit". Wenn Menschen sich dies bewusst machen, erfahren sie ihre eigene Gegenwart eingebunden zwischen der eigenen Vergangenheit und der eigenen Zukunft, wobei die Vergangenheit nicht mehr, die Zukunft in begrenztem Umfang für die Gestaltung offen steht. Die Menschen einer Zeit insgesamt verhalten sich ähnlich wie Einzelne bei der Durchführung von Handlungen: Sie suchen sich ihrer Vergangenheit bewusst zu werden; sie wollen die Möglichkeiten, die Zukunft zu gestalten, dadurch ausschöpfen, dass sie sich diese Zukunft planend und phantasierend ausmalen. Sie suchen zu erraten und zu erahnen, was diese Zukunft bringen wird.

Sowohl der einzelne Mensch als auch menschliche Gemeinschaften machen die Erfahrung von Zeitlichkeit bzw. Geschichtlichkeit allerdings nicht nur so, dass sie darin eine Chance und positive Herausforderung sehen. Manchmal verrennt man sich in die eine oder andere Richtung, lebt nur noch in der Vergangenheit oder für die Zukunft. So können etwa Menschen, die den Verlust eines nahe stehenden Verwandten oder Freundes auch nach einer angemessenen Zeit der Trauer nicht verwinden, nur noch in und von ihren Erinnerungen leben, aber nicht mehr ihre Gegenwart kreativ gestalten, und ebenso ergeht es denen, die nichts richtig zu Ende führen, sondern andauernd ein weiteres Projekt beginnen, ganz auf Fortschritt fixiert.

Angesichts dieser Gefährdungen ist es vor allem wichtig, immer wieder neu ein positives Verhältnis zur eigenen Vergangenheit zu gewinnen und sie nicht nur als Zeit verpasster Chancen wahrzunehmen. Unverziehene Schuld oder ein nicht aufgearbeiteter Verlust belasten und „vergiften" die Gegenwart. Außerdem ist das zeitliche/geschichtliche Dasein immer auch von der Unzufriedenheit geprägt, mit keinem der Entwürfe, die man sich setzt, mit keinem der Pläne, die man sich vornimmt, voll „ins Schwarze zu treffen". Der Mensch strebt immer weiter, weil er um die Unvollkommenheit jedes seiner Entwürfe weiß: *Der* perfekte Entwurf existiert nicht, die eigene Zeitlichkeit/Geschichtlichkeit setzt der Phantasie und Kreativität die Grenze des Todes entgegen. Diese Grenze entzieht sich allen Planungen des Menschen und ist dennoch irgendwie in das eigene Lebenskonzept einzubeziehen.

Leiblichkeit

Eine Frau, die lange Zeit unfreiwillig von ihrem Geliebten getrennt war, entdeckt diesen plötzlich auf der anderen Seite einer belebten Straße. In einer einzigen Bewegung sieht sie den Geliebten, wird vom Verlangen ergriffen, ihn wieder in die Arme zu schließen, läuft auf ihn zu, ohne auf den Verkehr zu achten, und fällt ihm um den Hals. – Dieses Beispiel verdeutlicht, dass Menschen wesentlich leiblich existieren: Die Frau nimmt den Menschen auf der anderen Straßenseite nicht zuerst als einen dreidimensionalen Körper wahr, den sie in einem zweiten Schritt als ihren Geliebten identifiziert, sondern sie wird sofort mit „Leib und Seele" von der Person, die ihr begegnet, in Anspruch genommen und antwortet entsprechend in Wort und Tat. Im Blick der Frau taucht tatsächlich der Geliebte selbst auf, natürlich leiblich, aber nicht *als Körper* und nicht als „reiner Geist".

In der alltäglichen Lebenswelt nehmen Menschen einander immer als leibliche Wesen wahr. – Aber wiederum ist eine Grenzerfahrung zu markieren: Die Leiblichkeit ermöglicht einerseits Begegnung zwischen Subjekten, andererseits bleibt die Personalität der/des andere(n) immer eine solche, die „nur" durch den Leib vermittelt zugänglich ist.

Der Ausdruck „Leib" drückt also – anders als der Ausdruck „Körper" – eine Grundbefindlichkeit des Menschen aus. Bezeichnet man den menschlichen Leib als *Körper*, nimmt man ihn als einen ausgewählten Fall des Körperseins überhaupt in den Blick. Ein Körper ist jeder Gegenstand, der dreidimensional ausgedehnt und schwer ist. Einen Körper kann man wiegen, vermessen, seine Dichte prüfen sowie mit den äußeren Sinnen wahrnehmen. Diese Betrachtungsweise sieht zumindest in gewissem Maße von der Lebendigkeit des Leibes ab und berücksichtigt überhaupt nicht, dass es sich immer um den Leib eines ganz bestimmten Menschen handelt: Sie ignoriert, dass es sich um den Leib *von jemandem* handelt. Wer hingegen vom menschlichen Körper als *Leib* spricht, meint von vornherein etwas Individuelles: Es handelt sich um *meinen*, *deinen*, *ihren* oder *seinen* Leib: „Körper sind im alltäglichen Erfahren ‚gegeben' als mehr oder minder entfernte Dinge, die man u. a. anschauen, anfassen und in ihrer Ausdehnung abmessen kann. ‚Mein' Leib hingegen wird vor allen ‚von innen' heraus *empfunden*, in einer Einheit, aus der sich einzelne Muskel- und Organempfindungen herausheben können. Und die Nähe und Ferne des Körpers, der der Leib eines anderen ist, ist nicht nur eine Sache des Metermaßes, sondern kann eine gefühlsmäßige und interpersonale *Bedeutung* haben" [G. Haeffner, Philosophische Anthropologie, 126].

Meist nehmen wir unsere Leiblichkeit dann ausdrücklich wahr, wenn wir um unseren Leib in Sorge sind. Dies ist z. B. der Fall bei einer Gefährdung der Gesundheit des Leibes oder wenn sich elementare Bedürfnisse wie Hunger und Durst (in Form des Selbsterhaltungstriebes) oder die Sexualität (Arterhaltungstrieb) melden. Wie bereits am Ende des Abschnittes über Zeitlichkeit/

Geschichtlichkeit angedeutet, ist menschliches Sein ein solches, dass unabänderlich auf den Tod zuläuft. Die Sorge um den eigenen Leib kann der Mensch also, ebenso wenig wie die Gestaltung seiner Zukunft, vollkommen aus eigener Kraft befriedigen.

Das menschliche Streben nach Sinn

Bisher haben wir drei Grundbefindlichkeiten menschlichen Seins entdeckt, die seine Empfänglichkeit für die Begegnung mit Gott prägen:

- ***Sprachlichkeit*: Alle und Alles, wozu der Mensch in Beziehung steht, ist von ihm irgendwie sprachlich erfasst; sonst würde diese Beziehung gar nicht bestehen. Der Austausch zwischen den Menschen über ihre jeweilige Lebenswelt vollzieht sich durch sprachliche Kommunikation.**

- ***Zeitlichkeit/Geschichtlichkeit*: Die jeweilige Gegenwart des einzelnen Menschen bzw. der Menschen einer Zeit insgesamt ist positiv wie negativ geprägt durch die in der Vergangenheit grundgelegten Rahmenbedingungen und den Entwurf der Zukunft, den sich diese(r) Mensch(en) vornehmen.**

- ***Leiblichkeit*: Menschen begegnen einander im normalen Erleben als Einheit aus „Leib und Seele". Menschen sind nicht in erster Linie dreidimensionale schwere Körper, sondern individuelle Personen, die sich in einem Leib „ausdrücken".**

Wenn der Mensch über sich selbst nachdenkt und z. B. diese Grundbefindlichkeiten seiner Existenz ausdrücklich thematisiert, ist dies letztlich nicht Selbstzweck, sondern steht im Dienst der Suche nach einem *Sinn* unseres Lebens. Mit dem Ausdruck „Sinn" ist hier das Ziel des gesamten Lebens oder der Grund/das Ziel für menschliches Dasein überhaupt gemeint. Anhand der beschriebenen Grundbefindlichkeiten wurde deutlich, dass man sich als Mensch einen umfassenden Sinn nicht selber geben kann: Bei der

Gestaltung unseres Lebens stoßen wir an Grenzen, die wir von uns aus nicht überwinden können. Vor allem haben wir nicht selbst entschieden, ob wir überhaupt leben wollen, und wir können auch nicht darüber befinden, ob unser Leben beliebig lange weitergehen soll. Kurz:

Menschen suchen nach einem umfassenden Sinn für ihr Leben. Aufgrund der prinzipiellen Grenzen ihres Daseins, das ohne ihren Willen beginnt und endet, lässt sich ein solcher Sinn nicht herstellen oder verordnen; man muss ihn sich schenken lassen!

Ein allgemeines Nachdenken über den Menschen kann natürlich nicht für den Einzelnen die Sinnfrage beantworten, zu verschieden sind die konkreten menschlichen Existenzen voneinander. Aber alle Menschen sind eingebunden in die Spannung zwischen der Unendlichkeit ihres Wollens, Planens, ihres geistigen Daseinsvollzuges, und der Endlichkeit ihrer Lebenswelt, die sie zwar mitgestalten können, jedoch nur bis zu den aufgezeigten prinzipiellen Grenzen. Ganz grundsätzlich gilt deshalb für alle Menschen: Wollen sie für ihr Leben einen Sinn entdecken, müssen sie mit der Spannung von Endlichkeit und Unendlichkeit, in der sie existieren, in guter, konstruktiver Weise umgehen. Hierfür sind drei Aspekte zu beachten:

(1) *Die Annahme der gegenwärtigen Situation*: Will der Mensch einen Sinn für sein Leben gewinnen, muss er der jeweiligen Gegenwart, gleich wie schwer dies fallen mag, immer noch etwas Gutes abgewinnen. Gelingt dies nicht, ist die Chance, das Leben als Gestaltungsraum zu betrachten und zu erschließen, von vornherein vertan. Der Mensch wird sich dann entweder in die „guten alten Zeiten" flüchten oder völlig „abgehoben" in seinen Phantasiewelten leben.

(2) *Die Annahme seiner selbst*: Wer sich selbst mit seinen Stärken, aber eben auch mit seinen Schwächen nicht zu akzeptieren imstande ist, der kann nichts Vernünftiges aus sich machen; der ist wie ein Handwerker oder Künstler, der schon im An-

satz das Material, mit dem er arbeiten soll, als ungeeignet verwirft. Die Selbstannahme des Menschen steht dabei in einem engen Wechselverhältnis zur Annahme anderer. Weder kann ein Subjekt sich selber annehmen, wenn ihm dies bei anderen kaum gelingt – es wird immer vor allem die schwierigen Seiten an anderen ablehnen, in denen es sich selber ein Stück wiederfindet –, noch ist demjenigen Selbstannahme möglich, der von anderen – etwa Eltern, Geschwistern, Freunden – keine solche Annahme erfahren hat bzw. erfährt. Solche Annahme richtet sich nicht auf irgendwelche speziellen Eigenschaften oder Leistungen, sie meint das Selbst bzw. Andere als solches, vor aller einzelnen Qualität oder Leistung. Wer sich so unbedingt angenommen erfährt, der erhält das Fundament, auf dem er sich weiterentwickeln kann, weil er nicht Angst haben muss, fallen gelassen zu werden, auch dann, wenn er einmal Fehler macht. Im Angesicht persönlicher Schuld spitzt sich dieser Zusammenhang zu: Nur wer in der Erkenntnis begangener Fehler noch darum weiß, dass diese Fehler die Gutheit seiner Person nicht endgültig zerstören, ist befähigt, seinen Weg hoffnungsvoll weiterzugehen. Der Schlüssel zu einem solchen Umgang mit Schuld heißt: Vergebung. Ich brauche die Vergebung der anderen, und ich muss mir auch selbst verzeihen können.

(3) *Die Annahme des Todes*: Die vielleicht höchste Barriere für einen kreativen Umgang mit der Begrenztheit unseres Daseins ist die Todesverfallenheit alles Endlichen. Was soll man sich eigentlich um ein sinnvolles Leben mühen, dass doch am Ende, gleich wie gelungen es scheinen mag, dem Sterben preisgegeben ist? Im Umgang mit dem Tod hat der Mensch wiederum eine Vielzahl an Bewältigungsstrategien entwickelt, die zum Teil nur Verdrängungsmechanismen sind. Positiv lässt sich dem Tod wohl nur gegenübertreten, wenn man davon ausgeht, dass ein menschliches Leben im Tod nicht bedeutungslos wird, sondern seine endgültige Gestalt gewinnt, die dann als ganze beurteilt werden kann. Das Lebensprojekt eines Menschen kommt in dieser Vorstellung mit dem Tod an sein Ziel. Erst von dieser Idee her erhält jeder Augenblick,

jede Entscheidung, jede Handlung überhaupt einen Wert im eigentlichen Sinne, einen Wert, der bleibt. Der Unterschied von Gut und Böse, die Rede von menschlicher Freiheit, die sich für das eine oder andere entscheidet, die Würde des Menschen hängen letztlich von einem Faktor ab: ob man menschliche Existenz für mit dem Tod beendet erklärt oder nicht. Denn wie ließen sich diese Dinge verteidigen, wenn es in der Schlussbilanz keinen Unterschied machte, ob ein Subjekt gut oder schlecht handelt? Nur wenn meine Handlungen Konsequenzen haben, die bleibend gültig sind, gewinnt das Leben wirklichen Ernst. Die Annahme der Ewigkeit ist Bedingung dafür, dass irdische Existenz überhaupt in ernst zu nehmender Weise beanspruchen kann, den Raum zur Gestaltung eines sinnvollen, menschlichen Daseins zu bieten.

Fazit und Überleitung

!

Der Mensch steht in vielfältigen Bezügen zu anderen Menschen, Lebewesen und unbelebten Dingen – kurz: Er ist eingebunden in eine Lebenswelt; seine Existenz ist *sprachlich*, *zeitlich/geschichtlich* und *leiblich* verfasst.

Der Mensch erfährt sein Leben dann als *sinnvoll*, wenn er diese Grundbefindlichkeiten seiner Existenz als – wenn auch begrenzte – Möglichkeiten annimmt, um aus sich selber, mit seiner Geschichte und in Kommunikation mit anderen, das Beste zu machen, was in ihm steckt.

Wir wissen jetzt, wie das „Schloss“ aussieht, in das der „Schlüssel“ Gottes passen muss: Wenn Gott möchte, dass sein Angebot zur Begegnung bei den Menschen ankommt, muss er die genannten Strukturen ihrer Lebenswelt berücksichtigen. Die Liturgie feiert die zentralen Stationen der „Beziehungsgeschichte“ zwischen Gott und den Menschen: die Begegnung zwischen Gott und dem

Volk Israel, die Begegnung Gottes mit der Welt in und durch Jesus Christus. Diese Begegnungsinitiativen Gottes erfüllen die genannte Bedingung, wie die nachfolgende Betrachtung anhand des Leitfadens des Markusevangeliums zeigt.

1.4 Gottes Heilsplan nach dem Markusevangelium

Das Markusevangelium lässt sich in drei große Teile aufteilen:

1,1–8,26	1. Hauptteil: Jesu Wirken innerhalb und außerhalb Galiläas
8,27–10,52	2. Hauptteil: Jesu Weg zur Passion
11,1–16,8	3. Hauptteil: Jesus in Jerusalem

Die Erscheinungen des Auferstandenen und die Aussendung der Jünger, die unser Text des Markusevangeliums noch enthält (Mk 16,9–20), bilden einen „unechten" Schluss, der ursprünglich nicht zu der Textfassung gehört, die uns heute vorliegt. Wenn man dies berücksichtigt, scheint am Ende des Markusevangeliums eine Frage zu stehen. Diese Frage ergibt sich aus der letzten Szene: der Konfrontation der Frauen mit dem leeren Grab. Maria aus Magdala, Maria, die Mutter des Jakobus und Salome gingen nach dem Sabbat, vor dem Jesus gekreuzigt worden war, zu seinem Grab. Sie trugen wohlriechende Öle bei sich, um den Leichnam zu salben (vgl. Mk 16,1). Die drei Frauen handeln offensichtlich ganz gemäß menschlicher Logik: Sie wollen dem, dem sie nachgefolgt sind, den sie geliebt und verehrt haben, über dessen Tod hinaus nahe sein, und dies ist vor allem dadurch möglich, dass man den Leichnam ehrt; nichts anderes geschieht durch die Salbung mit kostbaren Ölen. Doch dieser Entschluss ist nicht durchführbar, ihre Absichten laufen ins Leere: Sie finden zu ihrem Erstaunen das Grab geöffnet und leer. Stattdessen redet sie ein „Jüngling" an, der ein weißes Gewand trägt: „Erschreckt nicht! Ihr sucht Jesus von

Nazaret, den Gekreuzigten. Er ist auferstanden, er ist nicht hier. Seht, da ist die Stelle, wo man ihn hingelegt hatte" (Mk 16,6b–e). Zwar erhalten die Frauen eine merkwürdige Verheißung, gemäß der sie Jesus in Galiläa wiedersehen, so wie er selbst es gesagt hatte (vgl. Mk 10,34); doch auf den ersten Blick bleibt am Ende des Evangeliums die Frage offen, wo Jesus nun ist bzw. wie die Begegnung mit ihm über seinen Tod hinaus möglich sein soll. Die Erwartung, seiner am Grab gedenken und seinen Leichnam ehren zu können, ist frustriert worden.

Für uns ist dieser offene Schluss des Evangeliums deshalb so spannend, weil er genau der Frage entspricht, der wir bisher nachgegangen sind: Wie ist Begegnung mit jemandem, konkret: mit Gott bzw. Jesus Christus, im Gottesdienst möglich, wenn Gott/Jesus Christus doch gar nicht (mehr) zu dieser Welt gehört, Zeit und Raum enthoben ist? Und das Gute ist, dass wir am Ende des Evangeliums keineswegs, wie es auf den ersten Blick scheinen mag, ohne eine Antwort dastehen. Tatsächlich ist die Antwort längst gegeben worden. Markus entlässt uns zwar auf der Handlungsebene mit einer offenen Frage; doch das Wort des Engels: „Er geht euch voraus nach Galiläa; dort werdet ihr ihn sehen", ist für den Leser weit mehr als eine Aufforderung, einen geografisch fixierbaren Weg zurückzulegen: Wir werden zurück an den Anfang des Evangeliums verwiesen, zurück an den Schauplatz des ersten öffentlichen Auftretens Jesu, und ermuntert, den Text nochmals zu studieren und noch tiefer aufzunehmen, Jesus auf dem Hintergrund der mit ihm gemachten Erfahrungen noch tiefer zu erkennen und damit das, was nach dem Durchgang des Textes schon längst offenkundig sein müsste, nochmals klarer in den Blick zu nehmen. Das Evangelium folgt nicht einem Spannungsbogen, der darauf angelegt ist, dass am Ende eine Lösung präsentiert wird, sondern „die Lösung" ist vom Beginn der Erzählung an klar: Jesus Christus ist der Sohn Gottes, wie schon die Überschrift Mk 1,1 betont. Diese frohe Botschaft wird immer wieder neu und mit steigender Intensität vorgestellt. Letztlich soll sich keiner mehr der Aufforderung entziehen können, zu dieser Botschaft bzw. zu Jesus Christus, der Verkünder wie Inhalt des Evangeliums ist, ausdrücklich Stellung zu beziehen.

Von dieser Grundidee des gesamten Evangeliums her sind dann die Stellen besonders zentral, an denen das Bekenntnis zu Jesus als Sohn Gottes ausdrücklich ausgesprochen wird: die Taufe Jesu (Mk 1,9–13), die Verklärung Jesu (Mk 9,2–10) und der Tod Jesu (Mk 15,33–39). Diesen Stellen gilt im Folgenden die Aufmerksamkeit. Der Evangelist verbindet diese Szenen vor allem durch das Motiv des *offenen Himmels*: Im antiken Weltbild werden die Sphären des Göttlichen und des Irdischen jeweils mit Oben und Unten, mit Himmel und Erde identifiziert. Markus greift dies auf und formuliert so die Botschaft: Jesus Christus vereint Himmel und Erde in seiner Person.

Die Taufe Jesu

Mk 1

[9]In jenen Tagen kam Jesus aus Nazaret in Galiläa
und ließ sich von Johannes im Jordan taufen.
[10]Und als er aus dem Wasser stieg, sah er, dass der Himmel sich spaltete und
der Geist wie eine Taube auf ihn herabkam.

[11]Und da geschah eine Stimme aus dem Himmel:
Du bist mein geliebter Sohn, an dir habe ich Gefallen gefunden.

[12]Danach trieb der Geist Jesus in die Wüste.
[13]Dort blieb Jesus vierzig Tage lang und wurde vom Satan in Versuchung geführt.

Er lebte bei den wilden Tieren,
und die Engel dienten ihm.

Die zentralen Texte des Markusevangeliums die im Folgenden ausgelegt werden, sind jeweils in einer besonderen Weise dargestellt: Die vertikale Gliederung (Abstände zwischen den Zeilen) macht Sinnabschnitte deutlich; die horizontale Gliederung stellt die Textebenen (Erzähler, wörtliche Rede, wörtliche Rede in einer wörtlichen Rede, …) heraus. Der Text folgt der gewohnten Einheitsübersetzung mit einigen wenigen Korrekturen.

Nachdem das „Evangelium von Jesus Christus, dem Sohn Gottes" (Mk 1,1) mit der Einführung Johannes' des Täufers als Vorbote des Messias begonnen hat (vgl. Mk 1,1–8), folgt die Szene der Taufe Jesu. Der Evangelist entwirft hier ein „Bühnenbild", das auch für die weiteren Schlüsselszenen des Textes von Bedeutung ist: Offensichtlich findet eine Begegnung zwischen Himmel und Erde statt, zwischen Jesus und einer Person im Himmel, die ihn direkt anspricht. Zwischen Himmel und Erde vermittelt der Heilige Geist in Gestalt einer Taube. Die folgenden Verse bringen zudem noch das biblisch vielfach präsente Motiv der Wüste ein, die auch bereits in 1,3–4 als der Ort genannt wird, an dem der Täufer wirkt. – Die einzelnen Elemente dieser „Bühne" machen die Taufe Jesu zu einer typischen biblischen *Berufungsgeschichte*:

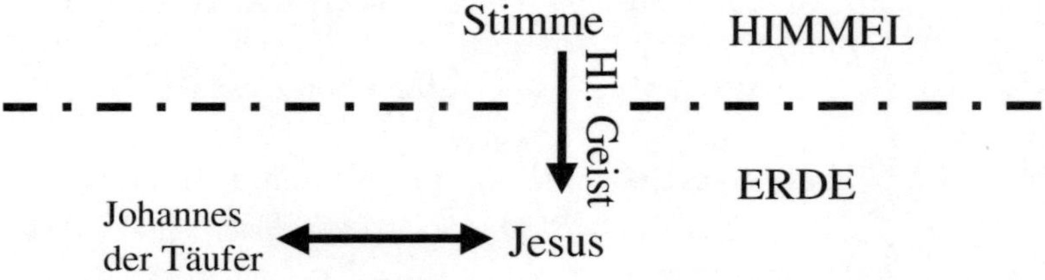

Schematisierung der Kommunikationshandlungen bei der Taufe Jesu gemäß Mk 1,9–11

Die Größe, welche die Verbindung zwischen Himmel und Erde stiftet, ist der Heilige Geist. Diese Kraft, die hebräisch als „*ruach*" bezeichnet wird und weiblich ist, hat in der Bibel viele Facetten. Bereits im zweiten Vers der Bibel tritt die *ruach* zu Beginn des großen Schöpfungsgedichtes auf: In Gen 1,2 heißt es vom Geist Gottes, dass er „über dem Wasser schwebte". Der Geist bildet das alles bewegende Moment: Als der wirkmächtige Atem Gottes vermag er mit seiner intensiven Macht alles an seinen rechten Platz zu versetzen.

Der Geist ist es, der dem Menschen seine besondere Rolle im Gefüge der gesamten Schöpfung zuweist: Gott hat nicht eine fertige Welt geschaffen, sondern eine Welt, die auf Entfaltung und Weiterentwicklung angelegt ist, eine Welt des Werdens. Die Menschen erhalten Anteil an der Kreativität des Schöpfers. Das Schöpfungsgedicht bringt die Sonderrolle des Menschen als Adressat des Heilswillens Gottes zum Ausdruck: Gott schafft den Menschen als sein Bild (wörtlich übersetzt: [eine lebendige] Statue) Gottes (vgl. Gen 1,27). Diese „Bildwerdung" vollzieht sich nach der zweiten Schöpfungserzählung, indem Gottes Geist im Leib des Menschen Raum greift (vgl. Gen 2,7; ferner Ijob 34,14f und Ps 104,29). Der Mensch selber wird zum bevorzugten Ort der Gegenwart des Ewigen, seines Geistes in Raum und Zeit, und ist von Gott beauftragt, als sein Stellvertreter für die Schöpfung zu sorgen: „Seid fruchtbar und werdet zahlreich und füllt die Erde und unterwerft sie" (Gen 1,28). Nichts anderes kann dieser so genannte „Herrschaftsauftrag" bedeuten: Wer Bild des guten Schöpfergottes ist, der ist dazu berufen, in seinem Sinne, und das heißt: Leben schaffend und Leben erhaltend, zu wirken.

Hier deutet sich bereits der Aspekt des Geistes Gottes an, der für die Taufszene entscheidend ist: Der Geist beruft den Menschen ganz allgemein als Mitschöpfer, aber er ruft auch in bestimmten Situationen Menschen aus ihrem bisherigen Leben heraus und hinein in eine neue Aufgabe; der Geist stiftet selbst dort, wo menschliches Leben völlig auf einen bestimmten Weg festgelegt oder gar ausweglos zu sein scheint, neue Möglichkeiten des Aufbruchs. Diese „Funktion" des Geistes ist biblisch vielfältig bezeugt, vor allem in den prophetischen Schriften. Die Bibel schildert diesen Vorgang oft als etwas völlig Überraschendes, als ein Ereignis, das sich in keiner Weise von natürlichen Faktoren ableiten lässt. Der Geist Gottes „weht, wo er will; du hörst sein Brausen, weißt aber nicht, woher er kommt und wohin er geht" (Joh 3,8; vgl. auch 1 Kön 18,12; Ez 13,14; Dan 14,33–36; Apg 8,39).

Markus gestaltet die Taufszene so, dass Johannes und Jesus sich in der Wüste begegnen: Die Wüste gilt der Bibel als Ort der

Krisen und Neuanfänge, als Ort, an dem sich die Menschen neu für die Begegnung mit Gott öffnen; hier berühren sich biblisch des Öfteren Himmel und Erde. Erinnert sei nur an die vierzigjährige Wüstenzeit Israels (vgl. z. B. Num 14,33–35) oder die vierzigtägige Wanderung des Propheten Elija zum Horeb (vgl. 1 Kön 19,8), an die vor allem auch die folgende Versuchungsszene erinnert. Der Schauplatz Jordan symbolisiert zudem Grenzübertritte und Übergangsriten: Johannes tauft Jesus nicht zufällig an diesem Fluss, der schon nach der langen Zeit in der Wüste für das Volk Israel die Grenze zum gelobten Land markiert hatte (vgl. Jos 3–4); Johannes ist der Vorläufer, der den Übertritt in das gelobte Land vorbereitet, das Jesus selber in Person ist (vgl. Mk 1,1–8). Elija wird an diesem Fluss zum Himmel emporgehoben (vgl. 2 Kön 2), und hier beginnt die Himmelfahrt, in die Jesus die ganze Schöpfung mit hineinnehmen wird.

Für die näheren Umstände der Herausrufung Jesu hat vor allem eine Stelle aus dem Buch des Propheten Jesaja „Pate gestanden“: die Berufung des so genannten Gottesknechtes, dessen Geschick in vier Liedern besungen wird. Uns ist z. B. aus der Lesung, die wir jedes Jahr am Karfreitag hören, das Vorgehen vertraut, diese Gottesknechtslieder auf Jesus hin zu lesen. Jesaja spricht davon, dass Gott auf seinen Knecht seinen Geist legt, und dass der Gottesknecht hingegeben wird um der vielen willen (vgl. v.a. auch Jes 52,13–53,12):

➜ **Jes 42,1**

Seht, das ist mein Knecht, den ich stütze;
das ist mein Erwählter, an ihm finde ich Gefallen.
Ich habe meinen Geist auf ihn gelegt,
er bringt den Völkern das Recht.

Der Evangelist Markus stellt Jesus mit der Taufszene in diese Gottesknechtstradition hinein: Jesus reiht sich in die Gruppe derer ein, die sich von Johannes im Jordan taufen lassen; er solidarisiert sich mit denen, die umkehren wollen zu einem Leben nach dem Willen

Gottes. Er übereignet sich damit ganz seiner Aufgabe, für das Heil der Menschen zu wirken, und damit zur Ehre Gottes. Gott nimmt diesen Schritt Jesu an und bestätigt ihn im Heiligen Geist. Durch diese Handlung Gottes lassen sich die vier Gottesknechtslieder geradezu als Programmschrift der Sendung Jesu interpretieren; umgekehrt erhalten sie „ihren endgültigen Kommentar in der Art, in der Jesus seine Berufung als vom Geist geweihter Gottesknecht gelebt hat“ (B. Häring). Letzteres meint: Hier wird nicht einfach ein weiterer Prophet auserwählt, von denen es in der Geschichte Israels viele gegeben hat. Der Evangelist sieht in Jesus den messianischen König, von dem es in Psalm 2 heißt:

Ps 2,7b–c

Er sprach zu mir:
Mein Sohn bist du.
Heute habe ich dich gezeugt.

Jesus ist *der* Knecht Gottes und sein Sohn, der nicht als Prophet einen bestimmten Auftrag bekommt. Der Sohn ist einer, „der eine Autorität hat, die nicht von einer höheren Instanz abgeleitet wird, sondern die ihm direkt und ganz selbstverständlich zukommt“ (B. van Iersel). In Jesus, so stellt es Markus unmissverständlich heraus, verbinden sich Himmel und Erde, sein Werk besteht darin, diese Verbindung „auszubuchstabieren“. Was Markus dem Leser von Anfang an bewusst macht, dass Jesus der Sohn Gottes ist, wird den handelnden Personen im Evangelium allerdings erst nach und nach offenbart. Dies arbeitet die nächste Schlüsselszene der Verklärung heraus.

Die Verklärung Jesu

→ **Mk 9**

2Sechs Tage danach nahm Jesus Petrus, Jakobus und Johannes beiseite und führte sie auf einen hohen Berg, aber nur sie allein.

Und er wurde vor ihren Augen verwandelt;
3seine Kleider wurden strahlend weiß, so weiß, wie sie auf Erden kein Bleicher machen kann.
4Da erschien vor ihren Augen Elija und mit ihm Mose, und sie redeten mit Jesus.

5Petrus sagte zu Jesus:
Rabbi, es ist gut, dass wir hier sind.
Wir wollen drei Hütten bauen, eine für dich, eine für Mose und eine für Elija.
6Er wusste nämlich nicht, was er sagen sollte;
denn sie waren vor Furcht ganz benommen.

7Da kam eine Wolke und warf ihren Schatten auf sie.
und aus der Wolke geschah eine Stimme:
Das ist *mein geliebter Sohn;*
auf ihn sollt ihr hören.

8Als sie dann um sich blickten, sahen sie auf einmal niemand mehr bei sich außer Jesus.

9Während sie den Berg hinabstiegen, verbot er ihnen, irgend jemand zu erzählen, was sie gesehen hatten, bis der Menschensohn von den Toten auferstanden sei.

10Dieses Wort beschäftigte sie, und sie fragten einander,
was das sei: von den Toten auferstehen.

Stellt man das Schema der Kommunikationshandlungen in der Verklärungsszene der entsprechenden Darstellung der Taufszene gegenüber, zeigt sich rasch, dass zwischen beiden Texten markante Übereinstimmungen, aber auch bemerkenswerte Unterschiede bestehen:

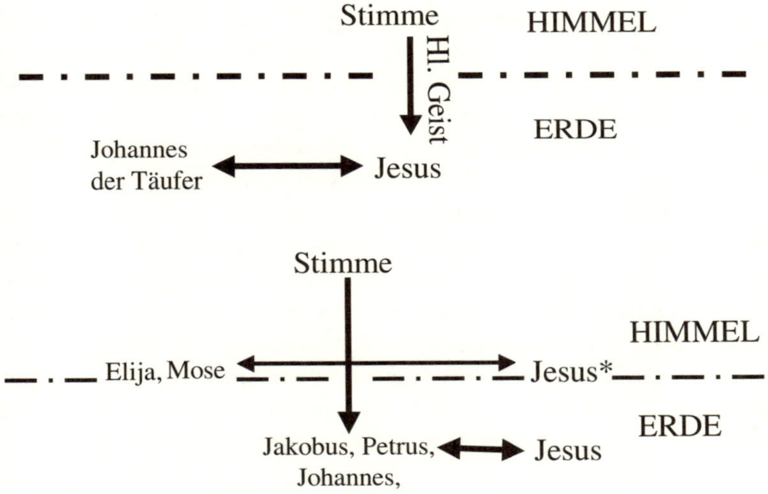

Schematisierung der Kommunikationshandlungen bei der Taufe Jesu gemäß Mk 1 und der Verklärung Jesu gemäß Mk 9,2–10

Wiederum entwickelt sich die Handlung als ein Geschehen „zwischen Himmel und Erde“. Diesmal ist aber nicht nur Jesus allein Adressat der Stimme vom Himmel, die zudem, anders als bei der Taufe, aus einer Wolke kommt. Markus lässt den Rabbi, den Meister, bewusst seine engsten Vertrauten mit hineinnehmen: Der engste Jüngerkreis erhält eine Lehrstunde über das innerste Wesen der Person und Sendung Jesu. Zu diesem Zweck werden die drei Jünger mit auf einen hohen Berg genommen, wodurch sich die Achse, auf der sich die Begegnung mit dem Himmel vollzieht, einerseits erheblich verkürzt. Andererseits schafft der Sprecher mittels der Wolke Distanz zwischen sich und den Hörern: Der göttliche Ursprung bleibt gewahrt bzw. hervorgehoben, indem dieses alte Bild für die verborgene Herrlichkeit Gottes in die Szenerie eingefügt wird (vgl. z. B. in der Erzählung vom Auszug des Volkes Israel aus Ägypten Ex 13,21; 19,9 o. ä.).

Was sich dort oben auf dem Berg ereignet, bezeichnet der Evangelist als eine Verwandlung, die im Schaubild durch das Sternchen beim Namen Jesu angezeigt ist; „Jesus*" steht demnach für Jesus in der Phase des Verklärungsvorgangs. Die Gestalt Jesu wird für den engsten Jüngerkreis ganz und gar „durchsichtig" auf das göttliche, das himmlische Licht hin, das sein Wesen ausmacht. Die Salbung mit Heiligem Geist in der Taufszene dringt eindrucksvoll „nach außen". Den Jüngern wird in dieser besonderen Weise Einsicht in die Person und Sendung Jesu geschenkt.

Der Erzähler macht allerdings durch die beiden Figuren Mose und Elija deutlich, dass diese Einsicht der Jünger keineswegs ohne Bezug zu ihrem bisherigen religiösen Wissen bzw. zur Geschichte des Volkes Israel, das sie repräsentieren, steht. Jesus* tritt in einen Dialog mit der Tradition der Tora, der Weisung, die Gott dem Volk durch Mose übermittelt hat (vgl. Ex 19ff), und mit der prophetischen Tradition Israels. Durch die Ansiedlung Moses und Elijas „zwischen Himmel und Erde" hebt Markus hervor, dass sich durch diesen Dialog tatsächlich menschliche und göttliche Sphäre berühren: Wer sich in die Heilsgeschichte, wie sie die Heiligen Schriften bezeugen und wie sie in Jesus ihren Höhepunkt erfährt, mit hineinnehmen lässt, der begegnet Gott. Die Figur des Propheten Elija, die später bei der Kreuzigungsszene noch einmal Erwähnung findet, zeigt zudem an, dass in Jesus die Endzeit angebrochen ist: Gleich im Anschluss an die Verklärungsszene (vgl. Mk 9,11–13) nehmen die Jünger Bezug auf die zu ihrer Zeit weit verbreitete Überzeugung, gemäß der Elija am Ende der Tage vor dem Menschensohn kommen werde. Jesus gibt ihnen recht, erläutert aber die Aufgabe Elijas dahingehend, dass dieser die Menschen zur Umkehr bewegen solle, bevor das endzeitliche Leiden des Menschensohnes beginnen wird. Mit einem geheimnisvollen Wort stellt Jesus den Bezug zu Johannes dem Täufer her. Dieser muss gemeint sein, wenn Jesus den Jüngern mitteilt: „Elija ist schon gekommen, doch sie haben mit ihm gemacht, was sie wollten, wie es in der Schrift steht" (Mk 9,13; vgl. Mal 3,23–24). Denn schon zu Beginn des Evangeliums wird Johannes so geschildert, wie Elija im Zweiten Königsbuch (vgl. Mk 1,6 und 2 Kön 1,8): als ein Mann, der ein Gewand aus Tierhaaren trägt, das mit einem ledernen Gürtel gehalten ist.

Was lernen die Jünger während dieser „Lehrstunde" auf dem Berg? Die wichtigste Erkenntnis liegt darin, das Jesus nicht „auf eigene Rechnung" handelt. V. 3 betont, seine Kleider seien so weiß geworden, wie sie auf Erden kein Bleicher machen kann. Wer hier letztlich die Szene beherrscht, ist unzweifelhaft Gott selber: Der Evangelist ordnet Jesus erneut, wie schon bei der Taufe, in die Heilsgeschichte ein. Dieser Jesus von Nazaret steht in seinem ganzen Leben mit Wort und Tat für das richtige Verständnis der Tora – vertreten durch Mose – wie der Propheten – vertreten durch Elija. Er legt sozusagen den Heilsplan Gottes mit seiner ganzen Person aus. Gott bestätigt vor den Jüngern Jesus als seinen geliebten Sohn und legt damit die Berufung Jesu, wie sie diesem und vor allem den Leserinnen und Lesern bereits bei der Taufe eröffnet wurde, für die engsten Vertrauten Jesu ausdrücklich frei.

Dieser Akt erscheint nötig: Die Jünger reagieren verstört auf den Dialog zwischen Jesus, Mose und Elija, der ihnen doch eigentlich helfen müsste, den bisherigen Weg mit ihrem Meister richtig zu deuten, die Zeichenhandlungen und Predigten sachgemäß zu interpretieren. Sie verstehen offensichtlich den bisherigen Teil der „Lehrstunde" nicht. Petrus fällt nichts anderes ein, als den erhabenen Augenblick festhalten, konservieren zu wollen – nicht aus Einsicht, sondern weil es sich angesichts der besonderen Ehrung, die dem eigenen Meister zuteil wird, ganz gut verweilen lässt. Auch auf die Schüler fällt ja etwas von dem Licht, das den Lehrer verklärt und in die große Tradition des Volkes hineinstellt.

Auf dem Rückweg vom Berg hinab, auf dem Weg zurück in die irdische Wirklichkeit, schließt Jesus die Lektion ab. Seine Sendung wird erst mit der Auferstehung vollendet sein, und das heißt: wenn er auch durch Leiden, Kreuz und Tod hindurchgegangen ist. Zu glauben, dass Leiden und Sterben des Meisters der Durchgang zum Leben sind: das ist die eigentliche Reifeprüfung, die noch bevorsteht. – Nach der Verklärungsszene setzen Jesus und die Jünger den Weg zur Passion und auf diese letzte Prüfung hin fort.

Der Tod Jesu

Mk 15

33 Als die sechste Stunde kam, brach über die ganze Erde eine Finsternis herein. Sie dauerte bis zur neunten Stunde.

34 Und in der neunten Stunde rief Jesus mit lauter Stimme:

Eloï, Eloï, lema sabachtani?,

– das heißt übersetzt:

Mein Gott, mein Gott, warum hast du mich verlassen?

35 Einige von denen, die dabeistanden und es hörten, sagten:

Hört, er ruft nach Elija!

36 Einer lief hin, tauchte einen Schwamm in *Essig*, steckte ihn auf einen Stock, und *gab* Jesus *zu trinken*. Dabei sagte er:

Lasst uns doch sehen, ob Elija kommt, und ihn herabnimmt.

37 Jesus aber schrie laut auf. Dann hauchte er den Geist aus.

38 Da riss der Vorhang im Tempel von oben bis unten entzwei.

39 Als der Hauptmann, der ihm gegenüberstand, sah, wie er den Geist aushauchte, sagte er:

Wahrhaftig, dieser Mensch war Gottes Sohn!

V. 33 ist eine Vorbemerkung zur Geschichte vom Sterben Jesu. Der Vers gibt aber nicht einfach nur den Zeitraum an, innerhalb dessen diese Szene sich abspielt. Indem der Erzähler den Zeitraum, welcher der Szene unmittelbar voraufgeht, als eine Zeit der Finsternis für „die ganze Erde" charakterisiert, stellt er die Szene in einen kosmischen Zusammenhang: Was sich hier an einem ganz bestimmten Ort und zu einer ganz bestimmten Zeit ereignet, hat Bedeutung weit über diesen Ort bzw. diese Zeit hinaus, ja für den gesamten Kosmos.

Die gesamte Todesszene ist dann erzählt als eine äußerst dichte Abfolge von Handlungen, mit denen Menschen untereinander kommunizieren. Die erste Handlungsfolge eröffnet Jesus mit der letzten sprachlichen Äußerung, die er vor seinem Tod macht. Wie schon in den zuvor besprochenen zentralen Szenen des Evangeliums tut Jesus nicht besonders viel; das meiste geschieht *an* ihm. Und hier ist er zudem in seinem Handlungsspielraum äußerst beschränkt. Dennoch bildet eine Aktivität Jesu, eine Frage, die er formuliert, den Ausgangspunkt und bestimmt alles weitere. Noch in der größten Ohnmacht erweist er sich so als der Kyrios, der Herr, dem, erfüllt von körperlichem Schmerz, Todesangst und Todesnot, nichts mehr bleibt, als seine Beziehung zu Gott bzw. dessen Nähe in Frage zu stellen. Jesus tut dies mit einem Zitat aus Psalm 22. Man könnte diesen verzweifelten Ruf „Mein Gott, mein Gott, warum hast du mich verlassen?" auf dem Hintergrund der Tauf- und Verklärungsszene umformulieren: „Mein Gott, der du mich doch zu meiner Sendung berufen, mit deinem Geist beseelt hast, wo bist du jetzt?"

Jesus stellt am Ende seines Lebens wie viele andere Menschen radikal die Frage, ob er mit seinem Lebensentwurf, mit dem, worauf er ganz und gar gesetzt hat, nicht doch daneben lag. Denn dieser Lebensentwurf hatte ganz und gar auf einen Gott gebaut, der den Menschen mit seiner Liebe nahe ist und ihnen in Not und Verzweiflung beisteht. Dabei zeigt der Evangelist mit diesem Ruf an, dass Jesus keineswegs an der Existenz Gottes zweifelt: Wer zu jemandem ruft, der setzt auch voraus, dass es einen Adressaten dieses Rufes gibt und sogar, dass dieser ihn hören kann. Jesus klagt Gott an und stellt sich damit in der Todesstunde in die Reihe derer, die nicht anders als im Zweifel Gott gegenüberzutreten vermögen. Erst dann, wenn dieser Gotteszweifel, die Gottesverzweiflung Jesu wirklich ernst genommen ist, darf man darauf hinweisen, dass sich der Beter in Psalm 22, nachdem er lauthals geklagt und seine Verzweiflung hinausgeschrieen hat, wieder neu von Gott verstanden und getragen fühlt:

➜ **Ps 22**

23Ich will deinen Namen meinen Brüdern verkünden,
inmitten der Gemeinde dich preisen:
24Die ihr den Herrn fürchtet, preist ihn,
ihr alle vom Stamm Jakobs, rühmt ihn;
erschauert alle vor ihm, ihr Nachkommen Israels!
25Denn er hat nicht verachtet,
nicht verabscheut das Elend des Armen.
Er verbirgt sein Gesicht nicht vor ihm,
er hat auf sein Schreien gehört.

Am Kreuz leidet und stirbt der leidende Gottesknecht, wie ihn Jesaja in seinen Liedern besingt, und als den der Evangelist Jesus bereits bei der Taufe identifiziert hat.

Und wie reagieren die Umstehenden? Die unmittelbar auf den Schrei Jesu folgende Reaktion einiger steht beispielhaft für die eine Grundoption, die man gegenüber dem Kreuzesgeschehen einnehmen kann: Sie verstehen nicht, was hier geschieht, sie verstehen nicht, was Jesus ruft. In den Ohren der Umstehenden kommt nicht der Ruf *„Eloï, Eloï, lema sabachtani?"* an, sondern sie hören Jesus nach Elija rufen. Die Ironie, die in dieser Szene steckt, ist äußerst subtil: Obwohl die Kommunikation misslingt, stellen die Spötter das Geschehen letztlich in den richtigen Kontext. Mit der Wiederkehr des Propheten Elija beginnt nach jüdischer Tradition das Ende dieser Schöpfung und die allumfassende Erneuerung von Himmel und Erde. Diese Neuschöpfung geschieht tatsächlich im Kreuzestod und der Auferweckung Jesu. Doch den Sprechern selber ist dies nicht bewusst: Sie treiben ihre Verachtung des

Sterbenden auf die Spitze. Erst der Tod erlöst Jesus aus dieser Situation, sein letztes Lebenszeichen ist der verzweifelte Schrei.

Wiederum ist der Geist, den Jesus bei der Taufe vom Himmel her empfangen hat, präsent. Jetzt, in der Todesszene, haucht Jesus diesen Geist, der sein ganzes Wirken getragen hat, aus. Er legt ihn zurück in die Hände des Vaters. Doch dort verbleibt der Geist nicht. Der merkwürdige V. 38, der vom Zerreißen des Tempelvorhangs berichtet, zeigt, dass der Evangelist diesen Geist nun in den Mund des Hauptmanns hineinlegt. Wie ist das zu verstehen? Der Hauptmann spricht das Bekenntnis zu Jesus als dem Sohn Gottes erst als Reaktion auf das Zerreißen des Vorhanges. Der Evangelist spielt auf diese Weise wieder das nun schon hinlänglich bekannte Motiv vom offenen Himmel ein. Um sich dies klar zu machen, ist es notwendig, sich die Architektur des Tempels in Jerusalem zur Zeit Jesu vor Augen zu führen:

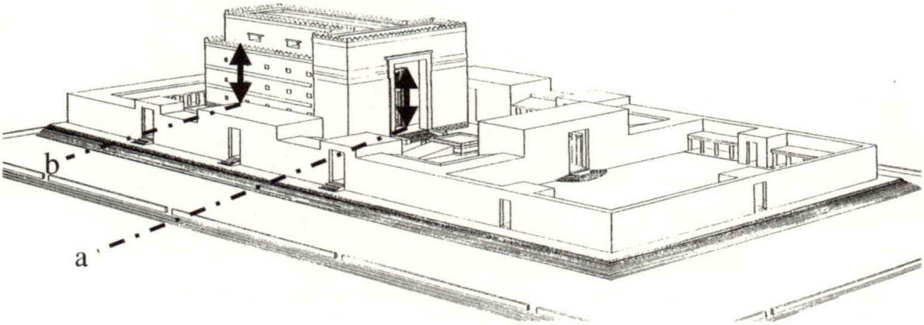

Der Herodianische Tempel: Gesamtansicht

Die beiden großen Vorhänge, die es im Tempel gab – einen vor dem Eingangstor (a), einen zweiten (b) zwischen den ersten beiden Dritteln des Längshauses („heiliger Bereich") und dem letzten Drittel („allerheiligster Bereich") – wurden zur Zeit Jesu so verstanden, dass sie, wie das Firmament, bildlich gesprochen Himmel und Erde voneinander trennten. Nimmt man den Vorhang vor dem Eingangstor, so versteht man die gesamte Umgebung als Erde, während der Tempel den Himmel darstellt, die Sphäre Gottes. Geht man hingegen vom inneren Vorhang aus, bildet das Allerheiligste den Himmel ab, der übrige Teil des Tempels die Erde; der Tempel ist dann insgesamt ein Abbild des gesamten Kosmos, einschließlich der Ewigkeit Gottes.

Ganz gleich, welchen Vorhang Markus letztlich meinte: In jedem Fall öffnet sich unmittelbar nach dem Tod Jesu sinnbildlich der Himmel, ebenso wie in der Tauf- und in der Verklärungsszene. Markus verklammert auf diese Weise vor allem Taufe und Kreuzigung, die sich wie ein Rahmen um das gesamte Evangelium legen. Jesus haucht am Kreuz den Geist aus, der sich bei der Taufe auf ihn hinabgesenkt hat; und tatsächlich hat Markus Jesu Tod als eine erneute Taufe gedeutet:

→ **Mk 10**

38 Jesus erwiderte: Ihr wisst nicht, um was ihr bittet. Könnt ihr den Kelch trinken, den ich trinke, oder die Taufe auf euch nehmen, mit der ich getauft werde?

Die Verbindung zwischen Tempel und Tod Jesu zeigt darüber hinaus: Mit dieser erneuten „Taufe" setzt Gott seinen Sohn Jesus als „Ort" der Versöhnung zwischen sich und den Menschen ein. Bisher hatte das Volk Israel einmal im Jahr am so genannten „Großen Versöhnungstag" in einem speziellen Gottesdienst die Wiederherstellung der Beziehung zwischen den Menschen und Gott gefeiert (vgl. Lev 16). Jetzt geschieht die Erneuerung dieser Beziehung auch durch den Tod Jesu: Dieser hat die Liebe Gottes zu den Menschen durchgehalten, auch angesichts von Spott und Hohn, auch angesichts von Folter und Gewalt, und ist selbst vor dem Tod nicht zurückgeschreckt. Nun verbinden sich in Jesus, in seinem Kreuz, Himmel und Erde! Denn Gott, der Jesus bereits bei der Taufe im Jordan eigentlich getauft hat, tauft ihn hier erneut: Er bekennt sich zu seinem Sohn, seinem Gesalbten, der sich aus Liebe und im Gehorsam dahingegeben hat. Er lässt den, der in die Tiefen der Unterwelt hinabfällt, nicht in den Fluten des Todes versinken.

Diese Zusammenhänge versteht nur, wer die ganze Kreuzigung, wie der Hauptmann, im Geist Gottes sieht: Nur dem öffnet sich der Vorhang, nur dem gehen die Augen auf. Der Geist Gottes wandert nach dem Tod Jesu in den Mund der Zeuginnen und Zeugen, die ihn als Sohn Gottes bekennen.

Das Geschehen beim Tode Jesu lässt sich jetzt abschließend, ebenso wie dies bei den vorangegangenen Schlüsselszenen des Evangeliums der Fall war, in einem Schaubild darstellen:

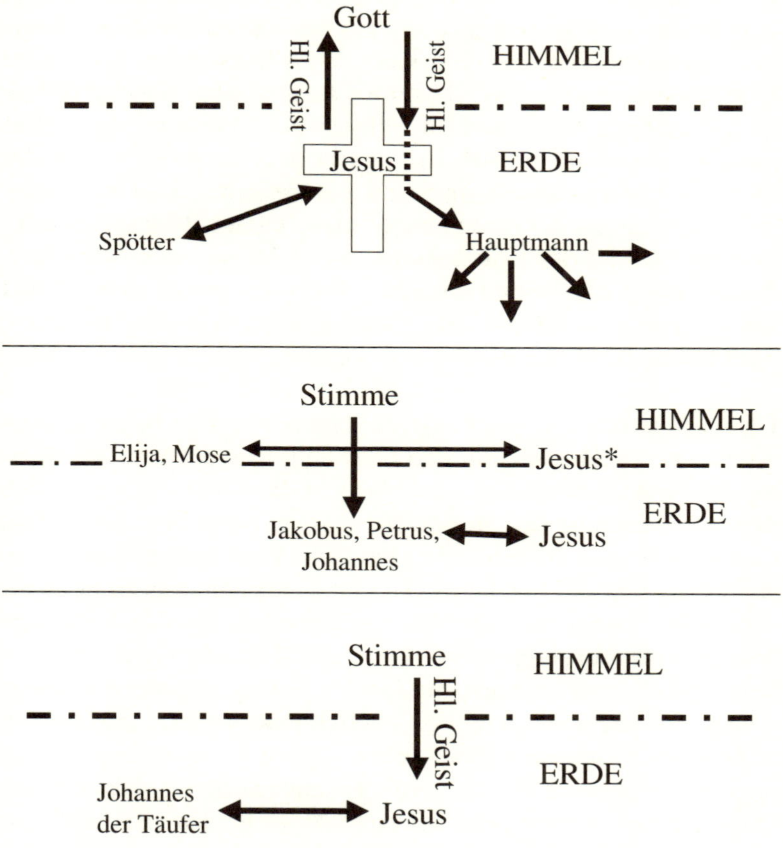

Schematisierung der Kommunikationshandlungen bei der Taufe gemäß Mk 1 (unten), bei der Verklärung gemäß Mk 9 (Mitte) und dem Tod Jesu gemäß Mk 15,33–38

Das Schema ist etwas komplizierter als die Darstellungen der anderen beiden Schlüsselszenen, aber dennoch sind wiederum dieselben Grundtypen von Handlungen erkennbar: Gott „tauft" seinen Sohn Jesus, den Gekreuzigten, bekennt sich auch angesichts der Schmach, mitten und gerade in Leiden und Tod zu seinem Gesalbten. Markus arbeitet deutlich heraus, dass Gottes „Beziehungsgeschichte" mit den Menschen im Kreuz bzw. im Gekreuzigten ihren Höhepunkt hat. Vom Kreuz her ist die gesamte Heilsgeschichte zu interpretieren. Und angesichts dieses Angebotes zur Begegnung von Gottes Seite ist eine Stellungnahme der Menschen gefordert. Wer Gott richtig versteht, sich von ihm hineinziehen lässt in das Geheimnis seiner Liebe, die sich dahingibt, damit die Menschen und die ganze Schöpfung das Leben gewinnen, der bekennt sich zu Jesus als dem Sohn Gottes, wie der römische Hauptmann. Er spricht das Bekenntnis, das Gott zu seinem zerschlagenen Knecht ablegt, nach. Dieses Bekenntnis wandert am Schluss des Evangeliums in den Mund eines Menschen. Anders als in den beiden übrigen Szenen, kommt es nicht „direkt vom Himmel", sondern Gottes Geist ermöglicht einem Menschen, zum Mund göttlicher Weisheit zu werden.

Die Gruppe derer, die sich wie der Hauptmann zu Jesus als dem Sohn Gottes bekennen und sich sozusagen von der Seite der Spötter auf die Seite der Bekenner schlagen, bilden bald nach dem Tod, der Auferweckung und der Erhöhung Jesu die ersten christlichen Gemeinden; sie bilden im Heiligen Geist *Kirche*. Der Hauptmann steht exemplarisch für diejenigen, die das Bekenntnis zu Jesus als dem Sohn Gottes vor aller Welt aussprechen, in der Nachfolge Jesu im Leben bezeugen und damit die *Verkündigung des Evangeliums* praktizieren. Sie geben Gottes „Kommunikationsangebot" weiter – das Schema deutet dies durch eine Vielzahl von Pfeilen an, die vom Hauptmann ausgehen –, in der Hoffnung, dass es angenommen wird als das, was es tatsächlich ist: *Gottes* Wort. Offensichtlich passt Gottes „Schlüssel" so in das „Schloss" der Menschen, dass die Tür ihres Herzens für diese Weitergabe der Botschaft geöffnet werden kann. Sie begegnet ihnen nicht als etwas völlig Fremdes, sondern als Teil ihrer eigenen Lebenswelt.

Gottes Botschaft ist jedoch zugleich das Innerste der Lebenswelt wie ihr tragender Grund, den sie sich nicht selber gibt.

Gottes Initiativen zur Begegnung mit den Menschen nehmen, das hat der Durchgang wichtiger Schlüsselszenen des Markusevangeliums gezeigt, neben der Feier des Gottesdienstes zwei Grundformen an, von denen oben bereits bei der Besprechung des Exsultets die Rede war:

!

Gott begegnet(e) den Menschen

- **in der Geschichte des ersterwählten Volkes Israel, die im Leben, Sterben und in der Auferweckung und Erhöhung Jesu Christi zu ihrer Fülle gelangt und für die gesamte Menschheit zum Heil geworden ist;**

- **in der Verkündigung des Evangeliums von Jesus als dem Christus, dem Gesalbten Gottes, Erlöser und Herrn;**

- **in der Feier des Gottesdienstes.**

Der erstgenannten Grundform entsprechen die beiden Zeitstufen der Vergangenheit, die in der Feier der Liturgie in die Gegenwart „hineinfließen“. Wir können jetzt abschließend fragen, ob diese Begegnungsinitiativen Gottes, wie sie die Bibel vorstellt, der Grundstruktur menschlicher Existenz, die sich durch Sprachlichkeit, Zeitlichkeit/Geschichtlichkeit und Leiblichkeit auszeichnet, sowie der Frage nach dem Sinn menschlichen Lebens entsprechen.

1.5 Die Übereinstimmung zwischen Gottes Offenbarung und dem Wesen menschlicher Existenz – Fazit und Überleitung

Der Durchgang einiger Szenen des Markusevangeliums hat deutlich gemacht, wie das Christusereignis in die Heilsgeschichte eingebunden ist. Dabei dürfte deutlich geworden sein, dass dieses biblische Verständnis vom Offenbarungshandeln Gottes, der Begegnung zwischen Gott und Menschen, hervorragend unserer menschlichen Existenz entspricht, mit dem oben gewählten Bild gesprochen: Auf Seiten des Menschen ist tatsächlich ein „Schloss" vorhanden, in das Gottes „Schlüssel" passt:

!

- **Der Gott der Bibel nimmt den Menschen in seiner *Sprachlichkeit* ernst: Er vermittelt den Menschen seine gute Schöpfungsordnung, seinen Hoffnung machenden Zuspruch wie seinen (auf-)richtenden Einspruch in verständlichen Texten. Die Heiligen Schriften sind die von Israel und der Kirche anerkannten Texte, in denen sich Gottes Wort mitteilt. In diesen Texten „übersetzt [Gott] sich, seinen Willen, seine Herausforderung, sein Versprechen in die ‚Sprache' von Ereignissen und menschlichen Handlungen, in die Sprache, die Menschen sprechen, wenn sie von Gott sprechen und von dem, was ihm entspricht oder widerspricht" [J. Werbick, Fundamentaltheologie, 405]. Die Heiligen Schriften machen darüber hinaus ein Angebot, mit welchen Begriffen sich die Welt so deuten lässt, dass sie im Ganzen verständlich und sinnvoll bewohnbar wird.**

- **Der Gott der Bibel nimmt den Menschen in seiner *Zeitlichkeit/Geschichtlichkeit* ernst: Die Schöpfung** ist darauf angelegt, dem Menschen als „lebendige Statue" Gottes mitten in der Schöpfung Möglichkeiten zur Gestaltung der Welt zu eröffnen. Die Welt ist von Gott nicht in dem Sinne „fertiggestellt", dass in ihr keine Spielräume zur Weiterentwicklung mehr bestehen. Der Mensch ist eingeladen, sich die Weiterentwicklung im Rahmen seiner ihm geschenkten Fähigkeiten anzunehmen und die Geschichte als Heilsgeschichte, als „Möglichkeitsraum" für die Begegnung mit Gott zu begreifen. Gott begleitet diesen Prozess und sucht sich immer wieder neu „ins Gespräch" zu bringen, gerade dann, wenn Menschen die ihnen geschenkten Möglichkeiten verfehlen.

- Der Gott der Bibel nimmt den Menschen in seiner *Leiblichkeit* ernst: Gott vermittelt, überliefert sich den Menschen hinein in Raum und Zeit, „entäußert" sich in Zeichen, die sich als Kommunikationsangebote verstehen lassen, und schließlich sogar, indem er selber menschlich wird, sich selbst verleiblicht. Gott wird zu einer menschlichen Person und scheut auch nicht davor zurück, sich der äußersten Bedrohung leiblicher Existenz, dem Tod, zu stellen. Er besiegt dadurch die Chaosmächte, die bereits bei der Schöpfung in ihre Schranken verwiesen wurden, endgültig.

Und noch ein Letztes ist herauszustellen:

! Gottes Idee vom geglückten Menschsein, das sich in einem sinnerfüllten Leben ausdrückt, ist nicht einfach nur ein Vorschlag, den er den Menschen irgendwie unterbreitet. Er lebt dieses sinnerfüllte menschliche Leben selber vor – in Jesus Christus, der

- immer ganz in der jeweiligen Gegenwart lebt und in jedem Augenblick seine Entscheidungen am Maßstab der Liebe Gottes ausrichtet;

- **seine konkrete menschliche Existenz als Herausforderung und Berufung annimmt und ebenso alle anderen, denen er begegnet, so annimmt, wie sie sind. Er weckt dadurch auch in ihnen das Beste, gibt ihnen Kraft, die Fülle, die in ihnen steckt, zu entfalten;**
- **den Tod nicht als unwiderrufliches Ende seines Lebens versteht, sondern als Durchgang zu dessen Verewigung. Jesus demonstriert, dass die Entscheidung, sich aus freiem Entschluss ganz in den Dienst der Liebe zu stellen, auch wenn es das irdische Leben kostet, letztlich den Siegespreis davonträgt.**

Eine Schwierigkeit, die am Ausgangspunkt der Überlegungen stand, bleibt aber immer noch bestehen:

Das irdische Leben Jesu, die großen Ereignisse der Geschichte Israels, alles das liegt lange zurück. Wie sollen wir heute damit in Kontakt kommen? Und es geht ja nicht nur um uns: Wenn das Christentum tatsächlich glaubt, das alle Menschen mit hineingenommen sind in die Kommunikation zwischen Gott und der Menschheit, müsste zu allen Zeiten und Orten Gottesbegegnung erfahrbar sein. Wie verträgt sich das mit der Auszeichnung bestimmter Ereignisse als „besonders“ intensiven Begegnungen?

Das Nachdenken über den Gottesdienst und seine anthropologischen Voraussetzungen ist jetzt wieder beim praktischen Vollzug angelangt. Gleich zu Beginn wurde der Ablauf der Osternacht besprochen und vor allem anhand des Exsultet dargestellt, dass Liturgie den Anspruch erhebt, zeit- und raumübergreifend die versammelte Gemeinde mit den großen Heilsereignissen der Geschichte zu verbinden, sie in diese Ereignisse hineinzunehmen. Der gesamte GKL dient dem Zweck, dieses Begegnungsgeschehen und seine Strukturen zu erschließen, weshalb zum Abschluss dieses ersten Kapitels einige knappe, grundsätzliche Bemerkungen genügen, für die jetzt das „Handwerkszeug“ bereitliegt.

1.6 Liturgie als Dialog zwischen Gott und Mensch

Der gesuchte Zusammenhang zwischen der biblisch bezeugten und der übrigen Heilsgeschichte lässt sich anhand des Begriffes „Tradition“ erläutern. Der Begriff kommt vom lateinischen Wort „*traditio*“, übersetzt: Überlieferung. Der Ausdruck wird bezüglich der Heilsgeschichte in mehrfacher Bedeutung gebraucht:

Jeder Kommunikationsvorgang ist ein *Überlieferungsereignis*: Ein Sprecher vermittelt einem Hörer einen bestimmten Inhalt, anders gesagt: Er überliefert diesen Inhalt weiter. Wir gebrauchen „Überlieferung“ meist so, dass wir damit die Weitergabe von Inhalten über Generationen hinweg bezeichnen. – In diesem Sinne von „Überlieferung“ gibt auch Gott nach biblischem Verständnis bestimmte Inhalte an die Menschen weiter, wobei die Bibel einen Teil dieser Überlieferungsvorgänge auswählt und zur Richtschnur, mit dem Fachbegriff: zum Kanon, solcher Überlieferung im Allgemeinen macht.

Gott bleibt aber dabei nicht stehen, sondern *überliefert* sogar *sich selbst* in die Hände der Empfänger hinein: in Menschwerdung, Leben und Sterben Jesu Christi. Dies geschieht in der Nacht, da Jesus verraten, in der er aus- bzw. überliefert wird (vgl. z. B. Mk 14,17–21) durch Menschenhand. Gott vollendet diese Überlieferung durch die Auferweckung und Erhöhung seines „fleischgewordenen Wortes“ und vertraut dieses Wort wiederum den Menschen an, denen er es durch seinen Heiligen Geist in den Mund legt. Die Gemeinschaft der Glaubenden ist beauftragt, Gottes Wort weiter zu überliefern.

Durch die Geschichte hindurch bilden sich die verschiedenen Traditionsstränge aus, in denen diese *eine* Überlieferung sich ausprägt. Dort, wo es sich jedoch tatsächlich um genau diese Überlieferung handelt, lässt sich aber von ein- und derselben Tradition sprechen: Dieses einmalige Überlieferungsgeschehen ereignet sich immer wieder neu für die jeweilige Gegenwart – so unterschiedlich der äußere Ausdruck dieser Vergegenwärtigung auch jeweils sein mag. Und diese Vergegenwärtigung vollzieht sich vor allem im Gottesdienst: Hier empfängt die versammelte Gemeinde von Gott her die Botschaft von seiner heilenden Gegenwart: *erstens* in der *Feier des Wortes* Gottes, in der die genannten Heilstaten verkündet und in die Lebenswelt der Feiernden übersetzt werden; *zweitens* in der gedenkend-lobpreisenden bzw. bittend-lobpreisenden *Feier der Anbetung Gottes*, in der letztlich Gott verherrlicht, sein Name gepriesen wird, um seiner Heiligkeit und Schönheit, um seiner selbst willen. Die gesamte Schöpfung wird dann zu ihrer Vollendung gelangt sein, wenn dieser Lobpreis des Schöpfers nicht mehr nur in der symbolischen Inszenierung der Liturgie vorweggenommen, sondern tatsächlich umfassend verwirklicht sein wird.

Anhand des Markusevangeliums hat sich auch klar gezeigt, wie Gott die Kontinuität der von ihm gestifteten Tradition im skizzierten Sinne gewährleistet: durch seinen *Geist*. Vom Beginn der Schöpfung an durchwirkt dieser Geist in seinen vielfältigen Ausdrucksweisen und Gestalten die Geschichte der Welt. Es ist ein- und derselbe Geist, der die Welt durchweht und mit den widergöttlichen Mächten ringt, damit sich letztlich das Leben gegen den Tod durchsetzt, die Finsternis gegen das Licht, die weise Ordnung Gottes gegen die Bedrohung durch das Chaos. Dieser Geist durchdringt nach Gottes freiem Entschluss die Geschichte des ersterwählten Volkes Israel, die sich im Heilswerk Jesu Christi vollendet und auf die gesamte Menschheit und Schöpfung ausweitet. Hier ist der Sauerteig angesetzt, der letztlich alles durchsäuern wird. Christus ist „der erste der Entschlafenen“ und der „neue Adam“ (1 Kor 15,20–22), in dessen Durchgang durch Sterben und Tod hinein ins unvergängliche Leben im Angesicht Gottes die gesamte Menschheit eingebunden ist.

Darin liegt begründet, dass die Geschichte des Erlösungshandelns Gottes an Israel und in und an Jesus Christus nicht irgendein Abschnitt der Geschichte ist, den man einfach durch einen anderen ersetzen könnte. Gott wird, nach biblischem Verständnis, nicht durch eine völlig neue Initiative diese Phase der Heilsgeschichte nochmals überbieten – was sollte auch Gottes Menschwerdung und seine Liebe, die selbst den Tod nicht scheut, noch übertreffen? Diese Ereignisse bergen den Sinn für die gesamte Geschichte bis zu ihrem Ende und sind somit Ursprungsgeschichte; sie begründen die gesamte Wirklichkeit und sind die maßgebliche Richtlinie, der Kanon, für das Leben der Menschen aller Generationen. Der Geist Gottes „überliefert" sozusagen die jeweils feiernde Gottesdienstgemeinde in diese einmaligen Ereignisse: In der Zeit zwischen Christi Tod am Kreuz und seiner Begegnung mit den Zeugen nach seiner Auferstehung bis zur universalen Verwirklichung des Reiches Gottes am Ende der Geschichte, wenn Christus wiederkommt in Herrlichkeit, nimmt der Hl. Geist die Gemeinde in die biblischen Heilserfahrungen hinein.

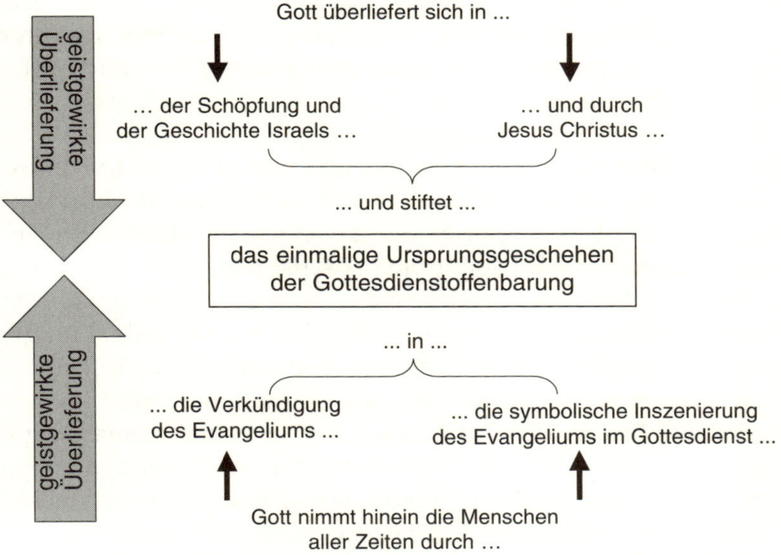

Struktur der pneumatischen Selbstvergegenwärtigung Gottes in der Heilsgeschichte

Wiederum in Merksätzen zusammengefasst:

! **Der Geist Gottes ermächtigt den Menschen, im Glauben**

- **zu erkennen, dass er in der Liturgie als der rituellen Inszenierung der Frohen Botschaft, in den dort zusammenspielenden leiblichen Ausdrucksformen, die den Menschen ganzheitlich ansprechen wollen, in das kanonische Ursprungsgeschehen, wie es die Heiligen Schriften bezeugen, hineingenommen wird;**
- **zum rechten Bekenntnis zu Gott als dem Urheber alles Guten. Diesen Gott verherrlicht der Mensch geisterfüllt und preist ihn in der Liturgie um seiner selbst willen. In diesem Lobpreis kommt die Menschheit wie die gesamte Schöpfung zu ihrer ursprünglichen Bestimmung und damit auch Vollendung.**

In den weiteren Kapiteln dieses Bandes und in den Folgebänden des GKL ist zu zeigen, wie diese rituelle Inszenierung konkret aussieht. Die aufgewiesene Grundstruktur steht dabei immer im Hintergrund. Der Liturgiewissenschaftler J. A. Jungmann (1889–1975) hat diese Grundstruktur so erfasst, dass er sie nach ihren drei Grunddimensionen aufgegliedert hat. Jede Liturgie hat eine *katabatische*, eine *anabatische* und eine *diabatische* Dimension. Katabatisch ist sie insofern, als Gott sich der versammelten Gemeinde heilschaffend zuwendet, zur Gemeinde „hinabsteigt" (*katabainein* = griech.: hinabsteigen); anabatisch sind alle die Elemente, in denen die Gemeinde sich Gott im Lobpreis zuwendet, zu ihm „hinaufstrebt" (*anabainein* = griech.: hinaufsteigen); und die Liturgie will schließlich „in der Horizontalen" die Lebenswelt der Menschen durchdringen, „hindurchgehen" durch alle ihre Beziehungen zu Anderen, zum Anderen und zu sich selbst (*diabainein* = griech.: hindurchgehen). In diesen Dimensionen finden sich die am Markusevangelium aufgezeigten Typen von Kommunikationshandlungen wieder:

Liturgisches Grundschema nach J. A. Jungmann

Natürlich sind letztlich alle Elemente des Gottesdienstes von jeder der Dimensionen geprägt. So ist gemäß den skizzierten Überlegungen jede Handlung, die im Gottesdienst geschieht, geistgewirkt und insofern auch katabatisch. Jedoch gibt es unterschiedliche Schwerpunktsetzungen. Dadurch entsteht die eigentümliche Dramaturgie, die den Gottesdienst ausmacht. In kommunikationstheoretischen Begriffen gesprochen: Gottesdienst ist ein *Dialog* zwischen Gott und Mensch. In der Wortliturgie spricht Gott selber zu den Glaubenden, die im Gesang dieses Wort meditieren und in ihre Lebensbezüge aufzunehmen suchen, um darauf im Gebet zu antworten. Besonders gut ist diese Grundstruktur in der Osternachtfeier erhalten geblieben. Damit sind wir endgültig wieder beim Ausgangspunkt der Überlegungen angekommen. Feier der Liturgie heißt, sich im jeweiligen Heute von der heilschaffenden Kraft Gottes, von seinem Geist ergreifen zu lassen, denn:

> [1]Gekommen ist das heilige Osterfest, an dem das wahre Lamm geschlachtet ward, dessen Blut die Türen der Gläubigen heiligt und das Volk bewahrt vor Tod und Verderben.
>
> [2]Dies ist die Nacht, die unsere Väter, die Söhne Israels, aus Ägypten befreit und auf trockenem Pfad durch die Fluten des Roten Meeres geführt hat.

[3]Dies ist die Nacht, in der die leuchtende Säule das Dunkel der Sünde vertrieben hat.

[4]Dies ist die Nacht, die auf der ganzen Erde alle, die an Christus glauben, scheidet von den Lastern der Welt, dem Elend der Sünde entreißt, ins Reich der Gnade heimführt und einfügt in die heilige Kirche.

[5]Dies ist die selige Nacht, in der Christus die Ketten des Todes zerbrach und aus der Tiefe als Sieger emporstieg.

„Diese Nacht“ ist für die Menschen jeder Generation *die* Nacht *ihrer* Errettung, *die* Nacht, in der das Leben den Tod besiegt.

2 „Tut dies zu meinem Gedächtnis …“
Biblische und liturgiegeschichtliche Annäherungen

Nach unseren grundlegenden Überlegungen im ersten Kapitel zur Liturgie als Dialog zwischen Gott und Mensch und speziell den anthropologischen Voraussetzungen für dieses Begegnungsgeschehen, wollen wir nun, in einem zweiten Anlauf, noch einmal die Frage angehen: Was ist eigentlich Liturgie? Der Schwerpunkt liegt allerdings jetzt, im zweiten Kapitel, auf der Frage nach der geschichtlichen Entwicklung der Liturgie. Dazu wenden wir uns zentralen Texten aus der Heiligen Schrift und aus der Zeit der frühen Kirche zu.

Emil Joseph Lengeling hat die Frage, was die christliche Liturgie kennzeichnet, in einem Lexikonartikel vor gut 20 Jahren so beantwortet:

➜ „Liturgie ist die von der kirchlichen Gemeinschaft durch Christus, den Mittler zwischen Gott und den Menschen, im Heiligen Geist unter wirksamen Zeichen und in rechtmäßiger Ordnung vollzogene Aktualisierung des Neuen Bundes“ (Lengeling, Art. Liturgie/Liturgiewissenschaft, 282).

Auch wenn diese Definition vielleicht zunächst durch ihre komplexe Sprache recht verwirrend erscheint und somit nicht alle unsere Fragen klärt, so weist sie uns doch einen möglichen Weg durch den Dschungel der Fragen und Problemstellungen. Dabei ist eine Definition als Antwortversuch auf die Frage „Was ist Liturgie?“ automatisch unbefriedigend, lässt sich diese Frage doch eigentlich nicht in Definitionen klären, sondern nur durch die Feier der Liturgie selbst erfahren und somit auch – gemäß unserem mystagogischen Ansatz – aus der Feier selbst einer Beantwortung zuführen.

Und doch lassen sich mit Hilfe dieser Definition schon jetzt einige Spannungsfelder aufzeigen und einige „Expeditionspfade" durch unwegsames Gelände schlagen, auf denen wir uns im Folgenden bewegen wollen.

? Welche Kriterien und Gesichtspunkte bestimmen Liturgie?

(1) Liturgie ist ein Geschehen zwischen Gott, dem Vater, und der Gemeinde. Sie vollzieht sich „durch Christus, den Mittler" und zwar „im Heiligen Geist". Es scheint sich also – wie wir schon im ersten Kapitel gesehen haben – bei der Liturgie wirklich um ein dialogisches Geschehen zu handeln.
(2) Liturgie ist dabei immer gemeinschaftliches Tun der Kirche, das in einer „rechtmäßigen Ordnung" vollzogen wird. Die Liturgie trägt also die Spannung von Individuum und Gruppe in sich – damit aber auch die Spannung von individuellem Glauben und dem Bekenntnis der Gesamtkirche.
(3) Liturgie vollzieht sich „unter wirksamen Zeichen": Zeichen, Symbole, Riten, spezielle Handlungen scheinen eine besondere Rolle zu spielen bei der Feier der Liturgie.
(4) Liturgie ist die „Aktualisierung des Neuen Bundes". Jener Bund, jene Verbindung zwischen Gott und den Menschen, in den ich durch die Taufe hineingenommen bin – er wird in der Liturgie auf eine bestimmte Art und Weise aktualisiert, erneuert. Dabei ist aber zu betonen, dass die Liturgie nur ein Tun der Kirche ist, das zu ihren sonstigen Handlungen in enger Verbindung steht. Denn der Bund zwischen Gott und Mensch ist ja nicht etwa auf die sonntägliche Gottesdienstfeier beschränkt, auch wenn er hier anscheinend in besonderer Form gefeiert, ja sogar „aktualisiert" wird. Wie ist aber nun das Verhältnis zu bestimmen von meinem „normalen" Leben als Christenmensch, sieben Tage die Woche, und den im „Idealfall" 60 Minuten Gottesdienst am Sonntag?

Wir sehen an dieser Stelle, dass eine solche Definition u. U. mehr Fragen aufwirft, als diese einfach zu beantworten. Und doch erscheint die Definition genau deshalb äußerst hilfreich: Denn nun haben wir zumindest ein Gerüst von Fragen, an denen wir uns im Folgenden abarbeiten können.

Zur weiteren Beantwortung der Frage: „Was ist christliche Liturgie?", soll zunächst ein Blick in das Korinth im 1. Jahrhundert nach Christus geworfen werden. Es geht um einen Rückgriff auf das Zeugnis der Schrift, auf jene Gründungsurkunde des Glaubens, die bleibender Maßstab für die Liturgie ist. – Im Folgenden steht beim Blick in die Geschichte die Eucharistie im Mittelpunkt, weil sich dies von den Quellen her nahe legt. Das heißt aber natürlich nicht, dass Liturgie nur die Eucharistie umfasst.

2.1 Der Grund, auf dem wir stehen
Rückbesinnung auf das Zeugnis der Schrift

→ **1 Kor 11,17–29**

Wenn ich schon Anweisungen gebe: Das kann ich nicht loben, dass ihr nicht mehr zu eurem Nutzen, sondern zu eurem Schaden zusammenkommt. Zunächst höre ich, dass es Spaltungen unter euch gibt, wenn ihr als Gemeinde zusammenkommt; zum Teil glaube ich das auch. Denn es muss Parteiungen geben unter euch, nur so wird sichtbar, wer unter euch treu und zuverlässig ist. Was ihr bei euren Zusammenkünften tut, ist keine Feier des Herrenmahles mehr; denn jeder verzehrt sogleich seine eigenen Speisen, und dann hungert der eine, während der andere schon betrunken ist. Könnt ihr denn nicht zu Hause essen und trinken? Oder verachtet ihr die Kirche Gottes? Wollt ihr jene demütigen, die nichts haben?

> Was soll ich dazu sagen? Soll ich euch etwa loben? In diesem Fall kann ich euch nicht loben. Denn ich habe vom Herrn empfangen, was ich euch dann überliefert habe: Jesus, der Herr, nahm in der Nacht, in der er ausgeliefert wurde, Brot, sprach das Dankgebet, brach das Brot und sagte: Das ist mein Leib für euch. Tut dies zu meinem Gedächtnis! Ebenso nahm er nach dem Mahl den Kelch und sprach: Dieser Kelch ist der Neue Bund in meinem Blut. Tut dies, sooft ihr daraus trinkt, zu meinem Gedächtnis. Denn sooft ihr von diesem Brot esst und aus dem Kelch trinkt, verkündet ihr den Tod des Herrn, bis er kommt. Wer also unwürdig von dem Brot isst und aus dem Kelch des Herrn trinkt, macht sich schuldig am Leib und am Blut des Herrn. Jeder soll sich selbst prüfen; erst dann soll er von dem Brot essen und aus dem Kelch trinken. Denn wer davon isst und trinkt, ohne zu bedenken, dass es der Leib des Herrn ist, der zieht sich das Gericht zu, indem er isst und trinkt.

Paulus schreibt an die Gemeinde in Korinth, eine Gemeinde in einer Großstadt. Korinth, die große Hafenstadt, ist durchaus mit dem heutigen Hamburg vergleichbar, inklusive St. Pauli. Es handelt sich um einen sozialen Schmelztiegel, einen Brennpunkt. Die Gemeinde ist dabei sehr inhomogen strukturiert. Es gibt Reiche und Arme, Wohlhabende auf der einen Seite und arme Tagelöhner, Seeleute, Gelegenheitsarbeiter auf der anderen. Wovon wir in diesem Text erfahren, ist die so genannte „Krise von Korinth".

?

An diesem Text interessieren verschiedene Punkte: Was zeichnet Liturgie zur Zeit des Paulus aus? Wie konnte es zu jener Krise kommen? Welches ist das Problem, mit dem die Gemeinde sich „herumschlägt"? Und welche Lösungsvorschläge gibt Paulus, die vielleicht auch für uns in der heutigen Zeit hilfreich sind?

Zunächst ist wichtig festzuhalten, dass Paulus seinerseits eine Tradition wiedergibt: Paulus berichtet, was auch er vom Herrn „empfangen hat". Er gibt weiter, er tradiert, er überliefert Tradition. Paulus, der Völkerapostel, erfindet und kreiert also nicht seine eigene Eucharistiefeier, sondern er weiß sich eingebunden in den Überlieferungsprozess der jungen Gemeinden. Für Paulus ist der Maßstab, an dem sich jede christliche Eucharistiefeier zu orientieren hat, jenes Handeln des Herrn in der Nacht, da er verraten wurde. Deshalb schildert er, was unser Herr Jesus Christus tat, wie es in unseren heutigen Hochgebeten heißt: „am Abend vor seinem Leiden". Für Paulus ist klar, dass es dieser Rückbezug auf den Anfang ist, der zur Richtschnur (= Kanon) für die weitere Ausgestaltung der eucharistischen Liturgie werden muss.

So besteht die Eucharistiefeier zur Zeit des Apostels Paulus aus drei Teilen: einem Dankgebet über das Brot mit dem Einschub jener Worte, die Jesus selbst vor seinem Leiden gesprochen hat; als zweites das eigentliche Mahl, zu dem das Brot ausgeteilt und mit den übrigen Speisen verzehrt wird; als drittes das Trinken aus einem Becher mit Wein, über den zuvor wiederum ein Dankgebet gesprochen wird, ebenfalls verbunden mit jenen Deuteworten, die Jesus im Abendmahlssaal sprach.

Doch genau dieser äußere Ablauf der Feier scheint es zu sein, der in Korinth zu einer Krise geführt hat. Offensichtlich ist es das Mahl, zwischen Brot- und Becherhandlung, das für äußerst „chaotische Umstände" sorgt. Denn das Mahl macht deutlich, dass es sich in der Gemeinde von Korinth um keine homogene Gemeinschaft handelt, sondern um eine Gruppe mit starken sozialen Spannungen. Da gibt es die Reichen, die Wohlhabenden, die tagsüber nicht arbeiten müssen; sie essen und trinken den ganzen Tag und sind abends, wenn sich die ganze Gemeinde zum Mahl versammelt, schon betrunken. Da gibt es die Armen, die Tagelöhner, die erst am späten Nachmittag nach vollbrachter Arbeit zur gemeindlichen Feier hinzustoßen können. Sie können kaum etwas Materielles zur gemeinsamen Mahlzeit beitragen und müssen so hungrig zuschauen, wie die anderen dem Überfluss frönen.

Paulus geißelt dieses Verhalten der Gemeinde in Korinth in äußerst scharfen Worten, und wer Paulus' Briefe kennt, wird beurteilen können, dass es kaum eine andere Stelle gibt, an der der Apostel in einem solch aggressiven Tonfall das Verhalten einer Gemeinde verurteilt: Das, was ihr hier feiert, ist keine Eucharistie mehr! Dies scheint für Paulus ganz klar zu sein.

? **Warum ist das, was die Gemeinde in Korinth feiert, keine eucharistische Liturgie mehr?**

Den Grund, warum das, was die Gemeinde in Korinth feiert, für Paulus keine Eucharistie mehr ist, nennt Paulus uns an anderer Stelle im 1. Korintherbrief. Dort heißt es:

→ **1 Kor 12,13.27**

> Durch den einen Geist wurden wir in der Taufe alle in einen einzigen Leib aufgenommen, Juden und Griechen, Sklaven und Freie; und alle wurden wir mit dem einen Geist getränkt. [...] Ihr aber seid der Leib Christi, und jeder einzelne ist ein Glied an ihm.

Die gemeinsame Feier des Herrenmahles, der Genuss von Leib und Blut Jesu, schenkt uns als Christen die Teilhabe am Leib Christi. Wie er, Christus, das Haupt ist, so sind wir die Glieder. So schreibt Paulus in demselben Brief, wodurch klar wird, dass es letztlich die Getauften sind, die zu der in der Eucharistie erfahrbaren Gemeinschaft mit dem erhöhten Herrn berufen sind. In einem Wort zusammengefasst ließe sich sagen: Wir sind sein Leib!

In der Gemeinschaft, die wir bilden, muss sich dieses geschwisterliche Miteinander abbilden. Die konkret erlebbare Gemeinde, der Umgang der Gemeindemitglieder mit- und untereinander, ist ein Abbild dessen, wie sehr die Gemeinde zum „Leib Christi" geworden ist. Das Leben der Gemeinde steht also in einem

Entsprechungsverhältnis zur Feier der Liturgie; ganz auf der Linie von Mt 5,23: „Wenn dein Bruder aber etwas gegen dich hat, dann gehe zuerst zu ihm, versöhne dich mit ihm und bringe dann deine Gabe zum Altar".

So argumentiert auch Paulus – ganz im jesuanischen Sinne: Die Gemeinde muss sich erst versöhnen, muss erst gemeinschaftlich miteinander umgehen, bevor sie Herrenmahl im eigentlichen Sinn feiern kann. Deshalb und nur deshalb „isst sich jemand das Gericht", wenn er betrunken am Herrenmahl teilnimmt, während andere noch hungern.

Paulus geht es also um die Entsprechung von Liturgie und Leben, um die Entsprechung der Feier des Glaubens in der Liturgie mit dem gelebten Glauben in Taten der Nächstenliebe, der Diakonie.

Es geht für Paulus darum, dass wir der Leib Christi sind. Wenn wir aber so Gottesdienst feiern, wie dies in Korinth geschehen ist, verraten wir und bilden gerade nicht ab, wie der Herr an uns gehandelt hat.

? Was sind nach Paulus die biblischen Kriterien für die Feier der Liturgie?

Die eucharistische Liturgie in den paulinischen Gemeinden ist ein gemeinschaftliches Handeln. Die von Paulus beschriebene „rechtmäßige Ordnung" besteht darin zu tun, was Jesus getan hat, also in der Tradition zu verbleiben. Diese Feier von Leiden, Tod und Auferstehung Jesu ist die Aktualisierung des Neuen Bundes: „Dieser Kelch ist der Neue Bund in meinem Blut. Tut dies, sooft ihr daraus trinkt, zu meinem Gedächtnis." Dabei bezieht sich Paulus auf eine Stelle im Altes Testament, wo es heißt:

→ **Jer 31,31**

> Seht, es werden Tage kommen – Spruch des Herrn –, in denen ich mit dem Haus Israel und dem Haus Juda einen Neuen Bund schließen werde.

Was mit der Aktualisierung dieses Bundes in der Feier der Liturgie gemeint ist, kann uns das Schlussgebet der Votivmesse „Vom kostbaren Blut unseres Herrn Jesus Christus“ verdeutlichen, wo es heißt:

→ **MB, Votivmessen, 6. Vom kostbaren Blut unseres Herrn Jesus Christus, Schlussgebet**

Allmächtiger, ewiger Gott, du hast uns gestärkt mit dem Brot des Lebens und dem Kelch des Heiles. Wie du einst die Kinder Israels durch das Blut des Lammes gerettet hast, so schütze auch uns in jeder Angst und Gefahr durch das kostbare Blut deines Sohnes, durch das wir erlöst sind. Darum bitten wir …

Wie also für die Israeliten in der Knechtschaft Pharaos in Ägypten vor dem Bundesschluss am Sinai und dem Auszug ins gelobte Land das Blut der geschlachteten Lämmer zum Zeichen des Schutzes wurde (Ex 24), so wie das Volk Israel bis heute dieses Heilshandelns Gottes, der Treue Gottes zu seinem Volk, in der Feier des Paschafestes gedenkt, so feiern wir Christen ebenfalls die Treue Gottes, feiern den Bund mit ihm, den Paulus „der neue Bund“ nennt: Denn nach Paulus ist gerade die Feier der Eucharistie das deutlichste und intensivste Zeichen für den Bund Gottes mit uns. Wir feiern Gottes Treue in seinem Sohn Jesus Christus, indem wir aus dem Kelch des Heiles trinken, und dabei – so Paulus im weiteren Verlauf des Korintherbriefes – den Tod des Herrn verkünden bis er kommt.

Die Feier des Herrenmahles muss für Paulus aber auch in einem Entsprechungsverhältnis stehen zum Leben der Gemeinde. Dabei ist das Kirchenbild, das Paulus entwirft, – man spricht auch von „eucharistischer Ekklesiologie“ –, durchaus mehrschichtig:

Jesus Christus ist Mittler zwischen Gott und Menschen. Er gibt sich uns hin in den Gestalten von Brot und Wein. Sein Leib wird für uns hingegeben, und der Kelch ist der neue Bund in seinem Blut. Er verleiblicht sich **für** uns. Aber Christus verleiblicht sich eben auch **in** der Gemeinde, ganz im Sinne von Mt 18,20: „Wo zwei oder drei in meinem Namen versammelt sind, da bin ich mitten unter ihnen!" Die Gemeinde soll „Communio" (Gemeinschaft) werden, denn zu dieser Gemeinschaft mit Gott und untereinander ist sie geladen.

Das eigentliche Zeichen für die Gegenwart Jesu Christi in der Welt ist eben jene Gemeinschaft von Jüngerinnen und Jüngern, die in seiner Nachfolge das Herrenmahl feiern.

? **Was lässt sich aus der „Krise von Korinth" lernen?**

In einem Vorausgriff lässt sich hier schon formulieren: In der engen Verbindung von christlichem Zeugnis (Verkündigung: Martyria), der Feier dieses Zeugnisses im Gottesdienst (Liturgia) und der Rückbindung dieser Feier an das alltägliche Leben in der Welt (Diakonia) handelt die Gemeinde wirklich, wie es im Epheserbrief heißt, „zum Lob seiner Herrlichkeit" (Eph 1,12.14).

!

- **So lässt sich festhalten, dass die Situation in 1 Kor 11 zunächst einmal negativ umschreibt, wann eine gemeinschaftliche Zusammenkunft keine Liturgie ist.**
- **Demgegenüber sind positive Kriterien:**
  die Tradition, in die sich auch Paulus eingebunden weiß, und die Entsprechung von Liturgie und Leben.

2.2 Wer die Vergangenheit nicht kennt, dem kann es die Zukunft kosten

Warum ein Blick in die Geschichte der Liturgie lohnend ist

?

Gibt es – über die in 1 Kor genannten Bestimmungen hinaus – denn keine weiteren positiven Kriterien? Was ist denn nun Liturgie – positiv fomuliert –, wenn wir jetzt schon wissen, wann eine Feier keine Liturgie mehr ist?

Suchen wir positive Kriterien dafür, wann eine Feier Liturgie ist, werden wir wohl einen Blick darauf werfen müssen, wie sich die von Paulus beschriebene Tradition weiterentwickelt hat.

?

- **Wie und in welcher Form wird bei den frühen Christen überliefert, was Jesus in der Nacht tat, da er verraten wurde?**

- **Wie feiert christliche Gemeinde diese Tradition?**

Wir wollen uns im Folgenden der so genannten Frühen Kirche zuwenden. Es geht um jene Zeit direkt nach den Aposteln, in der gewichtige Weichenstellungen für die Entwicklung der Liturgie vorgenommen wurden. Dabei ist es nicht möglich, ausführlich und detailliert auf die Liturgiegeschichte einzugehen. Der Blick auf wenige Texte, die ein Schlaglicht auf unsere Fragestellung werfen, was eigentlich christliche Liturgie ist, muss genügen.

Um das Jahr 100 n. Chr. entsteht im syrisch-palästinensischen Raum die Didache. Es handelt sich um eine Gemeindeordnung, einen Text also, der das Leben der frühchristlichen Gemeinde in all seinen Facetten (ihr gemeindliches Leben, ihre Gottesdienste, ihre Sorgen, ihre Probleme) widerspiegelt. Innerhalb dieser Gemeindeordnung wird auch ein Gebet für die Feier der Eucharistie überliefert, ein so genanntes Eucharistiegebet. Dieses Gebet weist eine große inhaltliche wie sprachliche Nähe zu den Gebeten der jüdischen Mahlfeiern (Sabbatmahl, Paschamahl) auf. Deshalb wird dieses Eucharistiegebet von der theologischen Forschung als eine Art „missing link" (fehlendes Bindeglied) angesehen zwischen der apostolischen Tradition, wie sie in der Schrift überliefert ist, und der frühen judenchristlichen Praxis. Das Eucharistiegebet der Didache lautet (zitiert nach: Meyer, Eucharistie, 92f.):

→ **Didache, Kap. 9 und 10:**

9.1. Betreffs der Eucharistie, sagt folgendermaßen Dank:

2. Zuerst betreffs des Bechers: Wir danken dir, unser Vater, für den heiligen Weinstock Davids, deines Knechtes, den du durch Jesus, deinen Knecht, offenbart hast. Dir sei Herrlichkeit in Ewigkeit. [Amen]

3. Betreffs des Brotes: Wir danken dir, unser Vater, für das Leben und die Erkenntnis, die du uns durch Jesus, deinen Knecht, offenbart hast. Dir sei Herrlichkeit in Ewigkeit. [Amen]

4. Wie dieses Brot verstreut war auf den Bergen und zusammengebracht eins wurde, so bringe deine Kirche zusammen von den Enden der Erde in dein Reich. Denn dein ist die Herrlichkeit und die Kraft in Ewigkeit. [Amen]

5. Keiner aber soll essen noch trinken von eurer Eucharistie, außer den Getauften auf den Namen des Herrn. Denn auch hierüber hat der Herr gesagt: Gebt das Heilige nicht den Hunden.

10.1. Nach der Sättigung sagt folgendermaßen Dank:

2. Wir danken dir, heiliger Vater, für deinen heiligen Namen, dem du ein Zelt bereitet hast in unserem Herzen, und für die Erkenntnis und den Glauben und

die Unsterblichkeit, die du uns zu erkennen gabst durch Jesus, deinen Knecht. Dir sei Herrlichkeit in Ewigkeit. [Amen]

3. Du Herr, Allherscher, hast alles erschaffen um deines Namens willen. Speise und Trank hast du den Menschen gegeben zur Erquickung, damit sie dir danken. Uns aber hast du geistliche Speise und Trank geschenkt zum ewigen Leben, durch Jesus, deinen Knecht.

4. Für alles danken wir dir, weil du mächtig bist. Dir sei Herrlichkeit in Ewigkeit. [Amen]

5. Gedenke, Herr, deiner Kirche, sie zu entreißen allem Bösen und sie zu vollenden in deiner Liebe; und führe sie zusammen von den vier Winden, die geheiligte, in dein Reich, das du ihr bereitet hast. Denn dein ist die Kraft und die Herrlichkeit in Ewigkeit. Amen.

6. Es komme die Gnade, und es vergehe die Welt! Amen. Hosanna dem Hause Gottes [koptisch: Davids]! Ist einer heilig, trete er hinzu; wenn einer es nicht ist, tue er Buße. Maranatha. Amen.

7. Den Propheten aber gestattet Dank zu sagen soviel sie wollen.

An diesem Eucharistiegebet ist hervorzuheben: Der Text spricht vom Heilshandeln Gottes in seinem Sohn Jesus Christus. Dabei verwendet er viele Bilder, benutzt also eine metaphorische, stark von der Bibel geprägte Sprache. Gott, der Vater, wird gepriesen, und ihm wird gedankt für sein Heilshandeln in seinem Sohn Jesus Christus. Die Gemeinde unterstreicht die Inhalte des Gebetes durch zustimmende Zurufe, die wir Akklamationen nennen, wie: „Amen“, „Es komme die Gnade und es vergehe die Welt!“, „Hosanna dem Hause Gottes!“

? **Wer darf denn an dieser Feier der Liturgie überhaupt teilnehmen?**

Über die „Zulassungskriterien“, wenn man dies so nennen will, zur eucharistischen Feier spricht die Didache an zwei Stellen. In Did 9,5 wird klargestellt, dass es allein die auf den Namen des Herrn Getauften sind, die Anteil an der Eucharistie haben. Gemäß einer sich bereits im frühen Christentum ausbildenden Unterscheidung zwischen Getauften und Nicht-Getauften, wird von letzteren sogar als den „Hunden“ gesprochen, denen das Heilige nicht zum Fraß vorgeworfen werden soll. [Mk 7,24–30]

Did 10,6 schließlich bittet nur die „Heiligen“ hinzuzutreten. Diejenigen, die nicht heilig sind, so der Text, sollen zunächst Buße tun. Sieht man dies im Kontext der Verwendung des Begriffs „Heilige“, etwa in den Anreden der Paulusbriefe, wird klar, dass hiermit wohl ebenso wie in Did 9,5 auf die Unterscheidung zwischen Getauften und Ungetauften angespielt wird.

? **Kann man diese Unterscheidung zwischen Getauften und Ungetauften noch genauer erklären?**

Diese Abgrenzung wird einsichtiger, wenn wir einen Blick werfen in die so genannte Apologie von Justin dem Märtyrer. Dieser frühchristliche Schriftsteller hat seine Verteidigungs-Schrift des christlichen Glaubens um das Jahr 150 n. Chr. verfasst; dort heißt es (zitiert nach: Meyer, Eucharistie, 101 f.):

➜ **Apologie, c. 65 und 67**

c.65 […] (3) Dann wird dem Vorsteher der Brüder Brot und ein Becher mit Wasser und mit Mischwein gebracht. Dieser nimmt (die Gaben entgegen) und sendet dem Vater des Alls durch den Namen des Sohnes und des Heiligen Geistes Lob und Preis empor und verrichtet eine längere Danksagung dafür, dass wir durch ihn dieser (Gaben) gewürdigt werden. Wenn er die Gebete und die Danksagung beendet hat, stimmt das ganze anwesende Volk mit Amen zu. (4) Amen ist ein hebräisches Wort und bedeutet: es geschehe. (5) Hat der Vorsteher Dank gesagt und das ganze Volk zugestimmt, teilen die von uns Diakone Genannten jedem der anwesenden Brot und Wein und Wasser, worüber die Danksagung gesprochen worden ist, (zum Genuß) aus und bringen (davon) den Abwesenden. [...]

c.67 [...] Und, wie wir bereits gesagt haben, wird, wenn wir das Gebet beendet haben, Brot herbeigebracht und Wein und Wasser, und der Vorsteher sendet Gebete ebenso wie auch Danksagungen empor nach seinem Vermögen, und das Volk stimmt zu, indem es das Amen spricht. Und (dann) geschieht für jeden die Verteilung und der Genuß von den (Gaben), über die Dank gesagt worden ist, und den Abwesenden wird (davon) durch die Diakone gesandt.

Justin der Märtyrer verteidigt den christlichen Glauben und die daraus hervorgehende Feier der Eucharistie gegenüber einem heidnischen Umfeld. Von daher ist seine Situation der unseren vielleicht gar nicht so unähnlich: Auch wir wollen ja zunächst Überlegungen anstellen, was wir selbst unter Eucharistie verstehen, um auf der Basis dieses Verständnisses Kriterien für eine angemessene Feier der Eucharistie zu entwickeln.

Zunächst betont auch Justin, dass es die Getauften sind, die an der Eucharistie teilnehmen. Doch er spezifiziert dies: Nur derjenige Getaufte empfängt die Gabe der Eucharistie, der vorher „Amen“ sagen konnte, „Amen“ zu jenem großen Gebet der Danksagung, das der Vorsteher der Liturgie im Namen aller spricht. Nun überliefert Justin leider kein Formular für ein solches Gebet. Dies hat einen einfachen Grund: Diese Gebete konnten von (charismatisch begabten) Vorstehern frei, sozusagen „ad hoc“ formuliert werden. Auch hier heißt es: „nach seinem Vermögen“ – ähnlich wie in Didache 10,7 bezüglich des Dankes der Propheten.

? Können wir trotzdem Vermutungen anstellen, wie so ein Gebet aussah?

Zunächst handelt es sich um ein Dankgebet. Dieses Dankgebet wird an Gott Vater gerichtet (durch den Sohn im Heiligen Geist). Das Gebet bezieht sich zum einen auf jene Heilstaten Gottes, von denen Justin sagt, dass sie der Gemeinde zuvor durch den Vortrag der „Denkwürdigkeiten der Apostel" (= Evangelien) im Wortgottesdienst zu Gehör gebracht worden sind.

Das Gebet bezieht sich aber auch auf die gegenwärtige Gemeinde: Justin erwähnt, das Gebet diene dazu, die Gemeinde würdig zu machen, die eucharistischen Gaben zu empfangen. Den Grund dafür beschreibt er in Apologie, Kapitel 66:

→ **Apologie, c. 66**

[…] Denn die Apostel haben in den von ihnen stammenden Denkwürdigkeiten, die Evangelien genannt werden, überliefert, so sei ihnen aufgetragen worden; Jesus habe Brot genommen, Dank gesagt und gesprochen: Das tut zu meinem Gedächtnis; das ist mein Leib. Und ebenso habe er den Becher genommen, Dank gesagt und gesprochen: Das ist mein Blut. […]

Auch Justin weiß sich also eingebunden in einen Prozess der Überlieferung, und er erfindet nicht einfachhin etwas Neues. Er sieht sich, wie Paulus, in die Pflicht genommen, zu tun, was Jesus tat, in der Nacht vor seinem Leiden.

Doch gehen wir noch einmal einen Schritt zurück: Wenn Justin dem „Amen" der versammelten Gemeinde eine solche gewichtige, weil das Gebetsgeschehen unterstreichende, geradezu ratifizierende Bedeutung zuschreibt, dann interessiert uns umso mehr der präzise Inhalt des Gebetes.

? Wozu spricht der getaufte Christ in der frühen Kirche sein „Amen"? Gibt es Hinweise, die uns zeigen, zu welchen Inhalten der getaufte Christ seine Zustimmung geben sollte?

An dieser Stelle hilft uns das eucharistische Hochgebet weiter, das dem Bischof Hippolyt von Rom zugeschrieben wird.[1] Es ist um das Jahr 200 n. Chr. in Rom entstanden.

Hippolyt war ein gebildeter Theologe, ein wohlhabender Bürger Roms, ein belesener Kenner der Schriften der Antike und er überliefert jenes Eucharistiegebet, das er selbst in der römischen Gemeinde, von der er zum Bischof gewählt worden ist, bei seiner Bischofsweihe frei formuliert und verwendet hat. Schon mit dem Titel seiner Schrift, „Traditio Apostolica", apostolische Überlieferung, unterstreicht Hippolyt: Es geht um die Weiterführung jener Tradition der Apostel, von der auch schon in 1 Kor 11 die Rede war. Es geht um jene Tradition, von der auch Paulus selbst sagt, dass er nur weitergeben kann, was er bereits empfangen hat.

Erhellend ist hierbei, dass Hippolyt unter sein Hochgebet noch die „Regieanweisung" schreibt, es handle sich lediglich um ein Modellgebet, und ein jeder möge so beten, wie es ihm der Geist eingibt; denn solange er im orthodoxen Rahmen bleibe, sei es *keinesfalls* nötig, diesen Text wortwörtlich nachzubeten.

Es ist bezeichnend, dass bei den Abschriften dieses Textes schon die nächste Generation von Kopisten das Wörtchen „keinesfalls" eliminierte, sodass am Ende dastand, es sei durchaus nötig, diesen Text wörtlich nachzubeten. Der Text war seinerseits zu einem Kanon, einer Richtschnur geworden, an dem/der man sich gerne festhielt – in unsicherer Zeit: Denn die großen Wandercharismatiker, die orthodox ein Eucharistiegebet aus dem Stand formulieren konnten, traten damals auch nicht häufiger als heute auf.

1 Vgl. zur komplexen Frage der Verfasserschaft der Traditio Apostolica den Kommentar von Wilhelm Geerlings in: Traditio Apostolica. Apostolische Überlieferung. Übersetzt und eingeleitet von Wilhelm Geerlings. (Fontes Christiani 1). Freiburg 1991.

Wenn der Text uns sehr vertraut vorkommt, hat dies den einfachen Grund, dass er als Vorbild für unser heutiges II. Eucharistisches Hochgebet aus dem Messbuch diente. Doch gerade diese Vertrautheit sollte nicht davon abhalten, den Text näher zu betrachten. Denn im Original der Traditio Apostolica finden sich einige „Schätze", die es sich zu heben lohnt. Das Eucharistiegebet der Traditio Apostolica lautet (zitiert nach: Meyer, Eucharistie, 104f.):

Traditio Apostolica

Die Diakone sollen ihm [dem neugeweihten Bischof] die Gaben bringen und er soll, indem er zusammen mit dem ganzen Presbyterium die Hände darüber ausbreitet, danksagen und sprechen: Der Herr sei mit euch. Und alle sollen antworten: Und mit deinem Geiste.

(Er sagt:) Erhebt eure Herzen. (Und das Volk sagt:) Wir haben sie beim Herrn.

(Er sagt:) Laßt uns danksagen dem Herrn. (Und das ganze Volk sagt:) Das ist würdig und recht. Und dann soll er so fortfahren: Wir sagen dir Dank durch deinen geliebten Knecht Jesus Christus, den du in dieser Endzeit uns als Retter, Erlöser und Boten deines Willens gesandt hast, der dein (von dir) untrennbares Wort ist, durch das du alles geschaffen hast, und den du nach deinem Wohlgefallen vom Himmel gesandt hast in den Schoß der Jungfrau, und der, in ihrem Mutterschoß empfangen, sich als dein Sohn offenbart hat, geboren aus dem Hl. Geist und der Jungfrau, der, deinen Willen erfüllend und dir ein heiliges Volk erwerbend, seine Hände ausgebreitet hat, als er litt, um vom Leiden zu befreien alle, die an dich glauben, der, als er aus (seinem) freien Willen dem Leiden überliefert wurde, damit er den Tod zerstöre, die Fesseln Satans zerbreche, die Unterwelt mit Füßen trete, die

Gerechten erleuchte, eine Grenze [dem Tod] festsetze, und die Auferstehung offenbare, das Brot nahm und dir Dank sagend sprach: Nehmet, esset, das ist mein Leib, der für euch gebrochen wird. Ebenso den Kelch, indem er sprach: Das ist mein Blut, das für euch vergossen wird. Wenn ihr dies tut, tut es zu meinem Gedächtnis.

Eingedenk also seines Todes und seiner Auferstehung, bringen wir das Brot und den Kelch (dar), dir Dank sagend, daß du uns gewürdigt hast, vor dir zu stehen und dir (priesterlich) zu dienen.

Und wir bitten dich, daß du deinen Hl. Geist sendest auf die Gabe deiner heiligen Kirche. Sie in eins sammelnd gib allen, die teilhaben an den heiligen (Geheimnissen), erfüllt zu werden mit Hl. Geist zur Stärkung des Glaubens in der Wahrheit, damit wir dich loben und verherrlichen durch deinen Knecht Jesus Christus, durch den dir Ruhm und Ehre sei, (dem Vater und dem Sohn) mit dem Hl. Geist in deiner heiligen Kirche, jetzt und in alle Ewigkeit. Amen.

Es ist an dieser Stelle nicht möglich, den Text im Einzelnen zu untersuchen. Wir werden auf diesen Text auch im Band III über die Eucharistie noch einmal zurückkommen müssen. Zunächst fällt auf, dass im Gegensatz zu dem Bericht, den der Apostel Paulus über die Eucharistiefeier in der Gemeinde von Korinth überliefert, hier ein geschlossener Gebetstext vorliegt: Wir lesen nicht mehr die einzelnen, voneinander durch das Mahl abgesetzten Deuteworte über Brot und Wein, sondern diese sind eingebettet in ein großes Dank- und Bittgebet. Die Gemeinde steht vor Gott. Sie erinnert sich seiner Heilstaten in Jesus Christus, und auf die Zuversicht, die aus solch dankbarer Erinnerung erwächst, gründet sie die Hoffnung, sich bittend an Gott wenden zu können.

Justin würde sagen: Weil der gläubige, getaufte Christ um das Heilshandeln Gottes weiß, das ihm in den „Denkwürdigkeiten der

Apostel" (nennen wir sie der Einfachheit halber: Evangelien) verkündigt wurde, weil er „Amen" sagt zu diesem Handeln Gottes in der Welt, deshalb darf er es überhaupt erst wagen, vertrauensvoll zu bitten: Die Gemeinde bittet darum, dass Gott seinen Geist auf die Gabe der heiligen Kirche sende.

? Worin besteht diese Bitte? Was ist demnach die Gabe der heiligen Kirche?

Diese Gabe ist nichts anderes als wir selbst: Im folgenden Satz heißt es, dass wir gesammelt werden sollen zur Einheit, damit wir teilhaben „an den heiligen Geheimnissen". So ähnlich hieß es ja schon in Didache 10,5, wo die Sammlung der Kirche „von den Enden der Erde" erbeten wurde. Auch in der Traditio Apostolica wird somit deutlich, dass das eigentliche Ziel der Kommunion die Teilhabe an der Gemeinschaft mit Jesus Christus ist, damit wir verwandelt werden. Wandlung bedeutet: Wandlung unserer selbst. Aus einsamen, sündigen, ich-bezogenen Menschen sollen wir verwandelt werden in die Gemeinschaft von Jüngerinnen und Jüngern Jesu, in die eine, heilige Kirche. Dieses Bittgebet nennen wir Epiklese und in dieser Epiklese bitten wir Gott, den Vater, seinen Geist zu senden, auf dass wir immer mehr zur Communio/Gemeinschaft der Kirche verwandelt werden.

Wenn nun nicht mehr einzelne Deutworte über Brot und Wein gesprochen werden wie in 1 Kor 11, sondern wir es beim Eucharistiegebet der Traditio Apostolica mit einem durchgehenden Text zu tun haben, so wird deutlich, dass, wohl auch ausgelöst durch die so genannte „Krise von Korinth", zur Zeit der frühen Kirche bereits das eigentliche Sättigungsmahl zwischen den Deuteworten über Brot und Wein wegfällt.

Das Dankgebet mit den Deuteworten über Brot und Wein wird ein großes durchgängiges Gebet. Das Gebet richtet sich an Gott den Vater durch seinen Sohn Jesus Christus im Heiligen Geist. Der Vorsteher der Liturgie, der Priester, spricht dieses Gebet stellvertretend für die versammelte Gemeinde, er spricht so den Dank der versammelten Gemeinde aus und bringt diesen vor Gottes Angesicht. Auf diesen Dank gegründet darf die Gemeinde es wagen, darum zu bitten, immer fester zum Leib Christi zusammengefügt zu werden. Jeder einzelne soll eingegliedert werden in Christi Leib, um so selbst zur Opfergabe zu werden „zum Lob seiner Herrlichkeit" (Eph 1,12.14). Hierzu spricht die Gemeinde ihr „Amen": Sie bekennt damit ihren Glauben an das Handeln Gottes in seinem „Knecht Jesus Christus" und lässt sich einbeziehen in die Hingabe des Sohnes an den Vater. Schauen wir also darauf, welche Rolle der Gemeinde in diesem Geschehen zukommt, so ist dies eine höchst aktive: Erst durch ihr „Amen" ratifiziert und bestätigt sie das Gebet des Vorstehers.

? **War denn der Wegfall des Sättigungsmahles zwischen der Brot- und der Becherhandlung im Laufe der Zeit in der frühen Kirche nicht die einfachste Lösung? Auf diese Weise hatte man ja, anstatt die sozialen Spannungen in der Gemeinde abzubauen, einfach den Ritus verändert.**

Es wäre sicher zu kurzschlüssig, aus dem Wegfall des Sättigungsmahles bei der Eucharistie zu folgern, dass nach Komplikationen in den Gemeinden, wie sie u.a. die „Krise von Korinth" beschreibt, die „einfachste" Lösung gewählt wurde, um eventuelle soziale Spannungen in der Gemeinde abzubauen.

Die Spannung zwischen gottesdienstlichem Tun, der Liturgie, und dem übrigen Leben der Gemeinde war auch den Theologen zur Zeit der frühen Kirche durchaus ein Anliegen. Ihnen war das Negativkriterium, welches Paulus in 1 Kor 11 anführt, durchaus bekannt, wonach Liturgie dann ihren Sinn verliert, wenn die gottesdienstliche Feier der Gemeinde und ihr übriges Leben nicht übereinstimmen. Das lässt sich z. B. ablesen an der prägnanten Zusammenfassung seiner Eucharistietheologie, in der Augustinus schreibt: „Empfangt, was ihr seid, Leib Christi, damit ihr werdet, was ihr empfangt." Damit bringt Augustinus, hier konkret für die Eucharistie, nur eine Erkenntnis auf den Punkt, die sich ebenso für die Liturgie im Allgemeinen formulieren lässt. Diese hat ein Schüler des Augustinus, der südgallische Laienmönch Tiro Prosper von Aquitanien (gest. um 455), so zusammengefasst:

Prosper von Aquitanien, Indiculus, Kap. 8

„[...] so wollen wir aber auch das Zeugnis der priesterlichen Fürbitten berücksichtigen, die, von den Aposteln überliefert, in der ganzen Welt und der gesamten katholischen Kirche in gleicher Weise gefeiert werden, damit das Gesetz des Betens das Gesetz des Glaubens bestimme."

[Übersetzung nach: Federer, Karl. Liturgie und Glaube. „Legem credendi lex statuat supplicandi". Eine theologiegeschichtliche Untersuchung. (Paradosis IV). Fribourg 1950, 12. „[...] obsecrationum quoque sacerdotalium sacramenta respiciamus, qua ab Apostolis tradita in toto mundo atque in omni Ecclesia catholica uniformiter celebrantur, ut legem credendi lex statuat supplicandi."]

Prosper fragt nach der Verbindung von Glaube der Kirche, Feier der Liturgie und Leben des Einzelnen. Er verwendet in seiner Argumentation neben den Lehrentscheidungen des apostolischen Stuhls als Argument für seine theologische Beweisführung das „Gesetz des Betens" (die „lex supplicandi").

Worin besteht dieses Gesetz des Betens?

Dieses „Gesetz des Betens" ist weder die Liturgie im Allgemeinen noch einfach das Gebet schlechthin, sondern ganz konkret die liturgische Praxis der Fürbitten. Diese Fürbitten innerhalb der Eucharistie werden von Prosper theologisch qualifiziert und beurteilt:

Prosper beurteilt die Fürbitten so:

- **Sie sind von den Aposteln eingesetzt,**
- **werden auf der ganzen Welt,**
- **im Gesamt der Kirche,**
- **auf dieselbe Art und Weise gebetet.**

Das Fürbittgebet erhält seine Bedeutsamkeit aus zwei theologischen Leitlinien: Es ist Zeichen des apostolischen Ursprungs; es ist aber auch Zeugnis des Glaubenssinnes der Gesamtkirche, des so genannten „Sensus ecclesiae".

? **Was ist mit dem apostolischen Ursprung gemeint?**

Prosper bezieht sich hier sehr wahrscheinlich auf die Textstelle 1 Tim 2,1–4 im Neuen Testament, wo es heißt:

→ **1 Tim 2,1–4**

> Vor allem fordere ich zu Bitten und Gebeten, zur Fürbitte und Danksagung auf, und zwar für alle Menschen, für die Herrscher und für alle die Macht ausüben, damit wir in aller Frömmigkeit und Rechtschaffenheit ungestört und ruhig leben können. Das ist recht und gefällt Gott, unserem Herrn; er will, dass alle Menschen gerettet werden und zur Erkenntnis der Wahrheit gelangen.

Wenn Prosper also in seiner Argumentation die Liturgie verwendet, so nur insofern, als diese Liturgie wiederum Tradition widerspiegelt. Konkret jene Tradition, die in den Worten des Apostels aus der Heiligen Schrift überliefert ist. Später fasste man die Überlegungen Prospers von Aquitanien in dem kurzen Grundsatz zusammen:

! **Lex orandi – lex credendi: Das Gesetz des Gebetes ist das Gesetz des Glaubens.**

Will man das Axiom „lex orandi – lex credendi", also den Lehrsatz, der sich hieraus entwickelt hat, auf die eigentliche Kernaussage reduzieren, handelt es sich um einen Schriftbeweis. Freilich um einen Schriftbeweis, der rückgebunden ist an die liturgische Praxis, die weltweit Gültigkeit hat. Denn für Prosper ist es nicht vorstellbar, dass die Kirche ausgerechnet in den Momenten irrt, in denen sie quasi in ihrer Gesamtheit, als Ganze, handelt. Letztlich ist es für Prosper der Heilige Geist, der in der Kirche betet; so wird die Liturgie zum Zeichen für den Glaubenssinn der Kirche, den „Sensus ecclesiae".

Wenn wir an dieser Stelle noch einmal zusammenfassen wollen, was christliche Liturgie ausmacht, so lassen sich bereits in der frühen Kirche eine Reihe von Kriterien festhalten:

!

Auf die Frage: Was ist Liturgie?, lassen sich aus der frühen Kirche folgende Antworten gewinnen:

- **Christliche Liturgie muss sich messen lassen am Ursprungsgeschehen, wie es uns in der Schrift überliefert ist.**

- **Christliche Liturgie weiß sich somit eingebunden oder rückgebunden an das Zeugnis der kirchlichen Tradition. Liturgie weiß sich rückgebunden an die lex credendi, den Glauben der Kirche, wie er in der Schrift überliefert ist.**

- **Der Getaufte soll im Stande sein, zu diesem in der Schrift bezeugten Glauben „Amen" zu sagen, diesen Glauben als seinen eigenen Glauben zu bekennen und damit das liturgische Gebetsgeschehen zu ratifizieren.**

- **Christliche Liturgie weiß sich auch, so hat die „Krise von Korinth" gezeigt, rück- und eingebunden an und in das Leben der Gemeinde, in das diakonale Tun der Kirche. Denn das Problem für Paulus besteht nicht darin, dass die Gemeinde in Korinth eine falsche Eucharistietheologie vertreten würde, sondern dass ihre konkrete liturgische Praxis und ihr gemeindliches Leben völlig auseinanderfallen.**

Es wäre an dieser Stelle nun spannend weiterzuverfolgen, wie das Axiom „lex orandi – lex credendi" sich in den folgenden Jahrhunderten weiter entwickelt hat und teilweise in recht einseitiger Akzentsetzung aufgegriffen wurde.

Äußerst bemerkenswert ist weiterhin, wie sich die Inhalte jenes Gebetes verändern, das ja „Kanon", also Richtschnur des Glaubens der christlichen Gemeinde sein soll, und wie sich die Gebetssprache von jener biblisch metaphorischen Ausdrucksweise der Schrift immer weiter entfernt hat.

Es wäre aufzuzeigen, wie vom Ablauf des Gottesdienstes her (auch durch massive Veränderungen in der Taufpraxis) nicht mehr einsichtig war, dass eben dieser Kanon das eigentliche Credo, das Glaubensbekenntnis, der versammelten Gemeinde war. Aufgrund dessen fügte man das Taufbekenntnis, das Credo, im Mittelalter extra in die eucharistische Liturgie ein – was streng genommen einer Doppelung gleichkommt.

Auf alle diese Punkte werden wir im Folgenden, besonders wenn es um die Betrachtung der Taufe und der Eucharistie geht, noch einzugehen haben. Die Konzentration auf unser Thema gebietet es jetzt aber, dass wir uns im folgenden 3. Kapitel der Frage zuwenden, wie das Zweite Vatikanische Konzil diese, hier bereits aufgezeigten Traditionslinien aufgreift, sie teilweise neu- und wiederentdeckt und damit eine liturgietheologische „Magna Charta" vorlegt, die heute für unser Verständnis dessen, was Liturgie ist bzw. sein soll, maßgeblich ist.

3 „Von Quelle und Höhepunkt“ Das Zweite Vatikanische Konzil und die Liturgie

Für unser Verständnis von Liturgie ist das letzte große Konzil der Kirche maßgeblich.

?

Was sagt das Zweite Vatikanische Konzil (1962–1965) zur Liturgie aus?

3.1 Ein Blick in die Aussagen des Zweiten Vatikanischen Konzils zur Liturgie

Werfen wir hierzu einen Blick in die Konstition über die heilige Liturgie „Sacrosanctum Concilium“ (zitiert nach: Denzinger, Heinrich. Kompendium der Glaubensbekenntnisse und kirchlichen Lehrentscheidungen. [Verbessert, erweitert, ins Deutsche übertragen und unter Mitarbeit von H. Hoping herausgegeben von P. Hünermann.] Freiburg ^{37}1991):

→

Art. 7

Um aber dieses so große Werk zu vollenden, ist Christus immer bei seiner Kirche, besonders in den liturgischen Handlungen.
Gegenwärtig ist er im Opfer der Messe sowohl in der Person des Dieners – denn „derselbe bringt das Opfer jetzt durch den Dienst der Priester dar, der sich selbst einst am Kreuz dargebracht hat“ –, als auch vor allem

unter den eucharistischen Gestalten. Gegenwärtig ist er mit seiner Kraft in den Sakramenten, so daß, wenn einer tauft, Christus selbst tauft. Gegenwärtig ist er in seinem Wort, da er ja selbst spricht, wenn die heiligen Schriften in der Kirche gelesen werden. Gegenwärtig ist er schließlich, wenn die Kirche betet und singt, er, der versprochen hat: „Wo zwei oder drei in meinem Namen versammelt sind, da bin ich in ihrer Mitte" [Mt 18,20].

[…]

Mit Recht gilt also die Liturgie als Vollzug des priesterlichen Amtes Jesu Christi; in ihr wird durch sinnenfällige Zeichen die Heiligung des Menschen bezeichnet und in je eigener Weise bewirkt und vom mystischen Leib Jesu Christi, nämlich dem Haupt und seinen Gliedern, der gesamte öffentliche Kult vollzogen. Infolgedessen ist jede liturgische Feier als Werk Christi, des Priesters, und seines Leibes, der die Kirche ist, in vorzüglichem Sinn heilige Handlung, deren Wirksamkeit keine andere Handlung der Kirche durch dieselbe Bedeutung und denselben Rang gleichkommt.

Art. 7 der Liturgiekonstitution beschäftigt sich mit der Frage der Gegenwart unseres Herrn Jesus Christus im Gottesdienst der Kirche. Es werden in diesem Text die verschiedenen Gegenwartsweisen Jesu beschrieben. Für unser Thema ist interessant zu beobachten, dass alle Gegenwartsweisen in die eine, grundsätzliche Gegenwartsweise Jesu Christi münden: diejenige in seiner Gemeinde. Art. 7 folgt hier dem biblischen Zitat aus Mt 18,20f: „Wo zwei oder drei in meinem Namen versammelt sind, da bin ich mitten unter ihnen", und fährt fort, indem beschrieben wird, dass die Liturgie vom mystischen Leib Jesu Christi, seiner Kirche, vollzogen wird.

?

– Worin unterscheidet sich denn nun christlicher Gottesdienst von anderen Formen des nicht-christlichen Gottesdienstes?

– Und: Was ist daran so neu und anders?

Art. 7 der Liturgiekonstitution macht sehr deutlich, worin das spezifisch Christliche der Liturgie besteht. Der Art. betont, dass „Gottesdienst" im wahrsten Sinne des Wortes zunächst einmal „Gottes Dienst" ist, und zwar, so erstaunlich dies zunächst klingen mag: der Dienst Gottes an uns, in und durch Jesus Christus!

Wenn wir umgangssprachlich von Gottesdienst sprechen, dann meinen wir damit ja häufig genau die entgegengesetzte Bedeutung, im Sinne von: Wir müssen irgendetwas tun, damit eine Gottheit so oder so handelt. Dies war z. B. auch das Verständnis im römischen Reich in der Antike: Der Götter-Kult war zunächst geschuldeter Kult (lat. „cultus debitus"). Man opferte einer Gottheit, versah einen Dienst, damit diese Gottheit dadurch gnädig gestimmt wurde.

?

Und im Christentum ist Gottesdienst nicht „geschuldeter Kult"?

Das ist im Judentum schon anders! Bereits im jüdischen Gottesdienst wird deutlich, dass Gott immer derjenige ist, der zuerst handelt. Wenn man etwa an das jüdische Paschafest denkt, so ist das Volk ja schon längst, vor Urzeiten, von Gott aus der Knechtschaft Pharaos gerettet worden. Und doch feiert das Judentum dieses Heilshandeln Gottes an seinem Volk als etwas, dass im Hier und Heute Bedeutung gewinnt.

Für die christliche Gemeinde wird dieses Heilshandeln Gottes an seinem Volk nirgends deutlicher als im gesamten Wirken, besonders im Leiden, Sterben und Auferstehen seines Sohnes Jesus Christus. Dieses Gedächtnis des Handelns Gottes in Jesus Christus, das ist eigentlich von Anfang an, wie wir bei Paulus, in der

Didache, in der *Traditio Apostolica* gesehen haben, sozusagen das Grundmoment christlichen Gottesdienstes.

Gott handelt zuerst an uns! Und wir feiern das Gedächtnis dieses Handelns Gottes! Aber:

- **Sind wir dabei nur passive Zuschauer? Was hat dieses Geschehen mit uns zu tun?**

Gerade Justin der Märtyrer betont z. B. das „Amen" der Gemeinde besonders stark. Wir sind demnach als Gottesdienst Feiernde keineswegs nur passive Zuschauer. Nein, Gott redet uns in jeder liturgischen Feier erneut an. Er tut dies – wie es ja Art. 7 betont – in der Versammlung („Wo zwei oder drei …"), in seinem Wort, in der Person des Vorstehers, in den eucharistischen Gaben. Und es liegt an uns, ihm auf diese Anrede zu antworten: In Psalmen, Hymnen und Liedern, wie sie der Geist eingibt, so der Epheserbrief (Eph 5,19f). Im ersten Kapitel unserer Überlegungen haben wir auch versucht zu begründen, dass man deshalb die Liturgie sehr gut als eine Art Dialog auffassen kann:

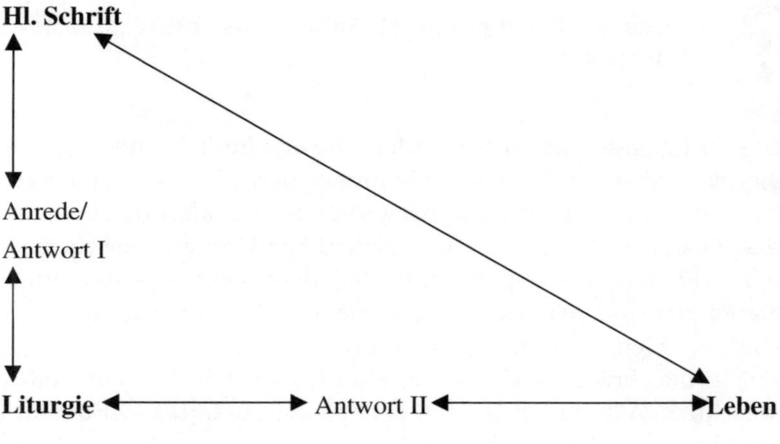

Anrede:

- ist in der Liturgie immer vermittelte Anrede,
- im Kanon der Schrift fixierte ursprüngliche Anrede-Erfahrung des Mittlers Jesus Christus, der die Kunde vom Vater gebracht hat.

Antwort I:

- Gebet, Lobpreis und Dank
- „in Psalmen, Hymnen und Liedern, wie sie der Geist eingibt" (Eph 5,19–20)
- „zum Lobpreis seiner Herrlichkeit" (Eph 1,12.14)
- vertrauensvolle Bitte.

Antwort II:

- Antwort II drückt sich im „Gottesdienst des Lebens" aus (Röm 12,1).
- Es geht um die Entsprechung von Leben und Liturgie,
- die Entsprechung von: lex orandi – lex credendi – lex agendi;
- entfällt der Bezug zum diakonalen Tun, handelt es sich, so Paulus in 1 Kor 11, nicht mehr um einen christlichen Gottesdienst!

Wir hatten im 1. Kapitel bereits gesehen, dass die absteigende Richtung – Gott handelt an uns – auch die *katabatische* Dimension genannt wird; die aufsteigende Richtung – wir antworten auf die Anrede Gottes – nennt man auch die *anabatische* Dimension. Wichtig ist dabei, dass all unserem Tun das Handeln Gottes an uns immer voraus geht. Dies gilt es im Blick zu behalten, wenn wir uns fragen, welche Rolle uns als feiernder Gemeinde in der Liturgie zukommt.

➜ **Art. 10**

Dennoch ist die Liturgie der Höhepunkt, dem das Tun der Kirche zustrebt, und zugleich die Quelle, aus der all ihre Kraft strömt. […]

Art. 10 betont, dass die Liturgie der Höhepunkt und die Quelle allen Tuns der Kirche ist. Den Grund für die Vorrangstellung der Liturgie hatten wir schon im 1. Kapitel näher bedacht. Damit nimmt die Liturgie unter den drei Grundvollzügen der Kirche, wie sie das Konzil an anderer Stelle, in der Konstitution über die Kirche (Lumen Gentium 24, vgl. auch 19), benennt, einen besonderen Rang ein: Liturgia, Martyria, und Diakonia, der gefeierte Glaube, der bezeugte und verkündigte Glaube und der gelebte Glaube stehen also aufs engste miteinander in Verbindung:

(liturgische) Feier [leiturgia]	⟷	(kirchliche) Lehre [matryria]	⟷	(gemeindliches) Leben [diakonia]

Dabei lassen sich diese Grundvollzüge auch im Hinblick auf die Eucharistie konkretisieren:

erinnernde Gegenwärtigung in der *Feier*	⟷	erinnernde Gegenwärtigung in der *Weisung*	⟷	erinnernde Gegenwärtigung in der *Tat*

? **Ist denn die Liturgie, so wie sie real erlebt und gefeiert wird, wirklich Quelle und Höhepunkt?**

Sicher, diese Aussage des Konzils mutet eher als eine Art „Zielvorgabe“, denn als eine Beschreibung des Ist-Zustandes an. Die Liturgie *soll* Quelle und Höhepunkt sein. Doch, so schon die Erfahrungen des Paulus in 1 Kor 11, die mit unseren eigenen Erfahrungen sicherlich in manchen Punkten übereinstimmen, sie ist es oftmals nicht. Insofern wendet sich das Konzil in den folgenden Artikeln der Frage nach der notwendigen Reform der Liturgie zu, damit die Liturgie tatsächlich mehr und mehr Quelle und Höhepunkt des kirchlichen Lebens sein kann, wie es in Art. 10 heißt.

Der Sinn der Reform der Liturgie ist, dass diese wirklich Quelle und Höhepunkt aller Lebensvollzüge der Gemeinde werden kann.

Wenn ich als getaufter, gläubiger Christ im Lesen der Schrift und im Brechen des Brotes meinen Glauben äußere, dann muss ich zunächst ganz banal verstehen, was ich da lese und was ich da bete. Nur so kann mir die Liturgie zur Quelle des Glaubens und gleichzeitig zum Höhepunkt meiner Existenz werden.

Art. 11

Damit jedoch diese volle Wirksamkeit erreicht wird, ist es notwendig, daß die Gläubigen mit recht bereiteter Seele zur heiligen Liturgie hinzutreten, ihr Herz mit der Stimme in Einklang bringen und mit der himmlischen Gnade zusammenwirken, um sie nicht vergeblich zu empfangen. Darum sollen die heiligen Hirten wachen, daß bei der liturgischen Handlung nicht nur die Gesetze für die gültige und erlaubte Feier beachtet werden, sondern daß die Gläubigen bewußt, tätig und mit Gewinn daran teilnehmen.

Dieser Art. 11 ist eine Art theologische „Magna Charta" der Liturgiereform. Die Zielvorgabe ist dabei schon aus Artikel 10 klar: Die Gläubigen sollen an der Liturgie bewusst, tätig und mit Gewinn teilnehmen. Dies soll geschehen vor dem Hintergrund der Spannungspole von „Quelle und Höhepunkt", „lex orandi – lex credendi". In Art. 11 findet sich jene Formel der „participatio actuosa", der „tätigen Teilnahme", die als der Leitsatz der Liturgiereform des letzten Konzils bezeichnet werden kann.

Hat denn diese „tätige Teilnahme" der Gläubigen etwas mit der dialogischen Grundstruktur der Liturgie zu tun?

Wir haben versucht, bei den Überlegungen im ersten Kapitel, und dann zur so genannten „Krise von Korinth" bis hin zur Traditio Apostolica deutlich zu machen, dass es die dialogische Grundstruktur der Liturgie ist, die ihr Wesen ausmacht. Liturgie ist zunächst immer das Handeln Gottes an den Menschen. Gott richtet sein Wort an den Menschen, was in vielfältigen liturgischen Vollzügen deutlich wird, nicht zuletzt und am deutlichsten in der Schriftlesung. Auf diese „Begegnungsinitiative" Gottes antworten die Menschen unmittelbar in Gesang und Gebet bzw. letztlich im „Gottesdienst ihres ganzen Lebens".

Insofern ist die Frage des Konzils nach der „actuosa participatio", der tätigen Teilnahme aller Gläubigen, kein akademisches Glasperlenspiel, sondern schlicht die Bedingung der Möglichkeit dafür, dass die Gläubigen jene Antwort auf die Anrede Gottes zu leisten imstande sind.

Actuosa participatio heißt also nicht, jeder muss irgendetwas tun, und bedeutet auch nicht blinde Geschäftigkeit. Actuosa participatio heißt, allen getauften Christen, die am christlichen Gottesdienst teilnehmen, zu ermöglichen, auf die Anrede Gottes zu antworten „zum Lobpreis seiner Herrlichkeit" – und sei es mit dem bekennenden, bekräftigenden „Amen" zum Abschluss des Eucharistischen Hochgebetes. So heißt es in Art. 14:

→ **Art. 14**

Die Mutter Kirche wünscht sehr, daß alle Gläubigen zu jener vollen, bewußten und tätigen Teilnahme an den liturgischen Feiern geführt werden, die vom Wesen der Liturgie selbst erfordert wird und zu der das christliche Volk, „das auserwählte Geschlecht, das königliche Priestertum, der heilige Stamm, das Eigentumsvolk" [1 Petr 2,9; vgl. 2,4f], kraft der Taufe das Recht und die Pflicht hat. Diese volle und tätige Teilnahme des ganzen Volkes ist bei der Erneuerung und Förderung der heiligen Liturgie aufs stärkste zu beachten: sie ist nämlich die erste, und zwar notwendige

Quelle, aus der die Gläubigen wahrhaft christlichen Geist schöpfen sollen; und darum ist sie in der ganzen seelsorglichen Arbeit durch gebührende Unterweisung von den Seelsorgern gewissenhaft anzustreben. Weil aber keine Hoffnung aufleuchtet, daß dies geschehen kann, wenn nicht zuerst die Seelsorger selbst vom Geist und von der Kraft der Liturgie tief erfüllt sind und in ihr zu Lehrern werden, darum ist es dringend notwendig, daß für die liturgische Unterweisung des Klerus gründlich gesorgt wird.

Art. 14 fasst noch einmal die Art. 10 und 11 inhaltlich zusammen, indem er beschreibt, dass bei der Erneuerung und Förderung der Liturgie die volle tätige Teilnahme der Gemeinde aufs Stärkste zu beachten ist: weil die Liturgie die Quelle ist aus der die Gläubigen ihren christlichen Geist schöpfen sollen und somit auch zum Höhepunkt des kirchlichen Lebens wird. Dementsprechend ist liturgische Bildung gefordert: für alle Gläubigen, besonders die Seelsorger, die den Geist der Liturgie weitervermitteln sollen.

➜ **Art. 21**

Damit das christliche Volk in der heiligen Liturgie die Fülle der Gnaden mit größerer Sicherheit erlange, wünscht die heilige Mutter Kirche, eine allgemeine Erneuerung der Liturgie sorgfältig in die Wege zu leiten. Denn die Liturgie besteht in einem – da von Gott eingesetzt – unveränderlichen Teil und Teilen, die dem Wandel unterworfen sind; diese können sich im Laufe der Zeit ändern, bzw. sie müssen es sogar, wenn sich etwas in sie eingeschlichen haben sollte, was dem innersten Wesen der Liturgie weniger gut entspricht oder weniger geeignet geworden ist. Und zwar sollen bei dieser Erneuerung Texte und Riten so geordnet werden, daß sie das Heilige, das sie bezeichnen, klarer ausdrücken, und daß das christliche Volk sie möglichst leicht erfassen und an ihnen in voller, tätiger und gemeinschaftlicher Feier teilnehmen kann. Deshalb hat das Hochheilige Konzil folgende allgemeinere Normen aufgestellt.

Bereits bei den wenigen Schlaglichtern aus der Liturgiegeschichte im 2. Kapitel unseres Grundkurses wurde deutlich, dass es immer einen lebendigen Austausch zwischen Tradition und Erneuerung gibt. Mit diesem Verständnis von „Tradition" im Kontext der Feier der Liturgie hatten wir uns schon im 1. Kapitel beschäftigt: Letztlich geht es bei jeder liturgischen Feier immer um das eine Traditionsgeschehen, das eine Geschehen der Überlieferung von Gottes Heilswirken an die Menschen; und dieses eine Geschehen entfaltet sich im Laufe der Geschichte in verschiedenen Traditionssträngen.

? **Kann man dieses grundlegende Traditionsgeschehen, den „roten Faden", der sich durch die gesamte Geschichte der Liturgie zieht, nochmals deutlicher herausstellen?**

Zwischen Paulus und dem, was er bezüglich der Gemeinde von Korinth beschreibt, dem Eucharistieverständnis der Didache, dann bei Justin und schließlich in der Traditio Apostolica gibt es viel Gemeinsames, aber eben auch Fortentwicklungen in der formalen Ausgestaltung der Feier des eucharistischen Mahles. Diese Spannung zwischen Reform und Tradition, Erneuerung und Bewahrung, greift das Konzil in Art. 21 auf. Es betont, dass die Liturgie zum einen aus unveränderlichen Teilen besteht. Unveränderlich sind diese Teile, weil sie der Verfügungsgewalt der Kirche entzogen sind; sie sind von Gott eingesetzt. Zum anderen betont das Konzil aber ebenso, dass es Teile gibt, die dem Wandel unterworfen sind, die sich im Laufe der Zeit ändern können, die sich sogar ändern müssen – so das Konzil –, weil sich z. T. etwas in sie hat „einschleichen" können, was dem innersten Wesen der Liturgie weniger entspricht.

? Und was sind diese unveränderlichen Inhalte der Liturgie? Kann man diese Inhalte z. B. für die Eucharistie konkret benennen?

Wir hatten schon bei der biblischen Grundlegung im 1. Kapitel gesehen: Liturgie ist, so auch das Konzil, immer Feier des Paschamysteriums Jesu Christi. Das Konzil erklärt diesen Begriff in Art. 5 der Liturgiekonstitution genauer. Dort heißt es:

→ **Art. 5,5**

„Dieses Werk der Erlösung der Menschen und der vollendeten Verherrlichung Gottes […] hat Christus, der Herr erfüllt, besonders durch das Pascha-Mysterium: sein seliges Leiden, seine Auferstehung von den Toten und seine glorreiche Himmelfahrt."

Paschamysterium, das ist das österliche Heilshandeln Gottes an seinem Sohn Jesus Christus. Dieses Handeln Gottes feiern wir in jeder der verschiedenen liturgischen Feierformen. Für die Eucharistie konkretisiert ließe sich z. B. sagen: Eucharistie ist immer Feier von Leiden, Tod und Auferstehung Christi, sie ist immer das Gedächtnis der Lebenshingabe Jesu am Kreuz, sie ist immer das Eintreten der Gemeinde in diese Lebenshingabe Jesu, immer das Lob- und Dankopfer der Kirche Jesu Christi, sie ist immer Teilhabe an Jesu Geschick und somit auch Teilhabe an seinem Leib und Blut.

? Wie steht es um die Form, in der wir diese Inhalte feiern?

Das Konzil macht deutlich, dass die Form, die rituelle Ausgestaltung, in der diese Inhalte ausgedrückt werden, wandelbar und den Zeiten unterworfen ist. Art. 21 fährt fort, dass die Maßgabe für die Reform der Liturgie sein muss, alle Riten und Texte so zu ordnen, dass sie eben jene heiligen Inhalte, die sie bezeichnen, möglichst klar und unmissverständlich zum Ausdruck bringen. Die Zielvorgabe ist auch hier wieder, die volle, tätige, bewusste Teilnahme an der Feier der Liturgie zu ermöglichen.

➔ **Art. 34**

Die Riten sollen in edler Einfachheit erstrahlen, knapp und durchschaubar sein und unnütze Wiederholungen vermeiden; sie sollen dem Fassungsvermögen der Gläubigen angepaßt sein und im allgemeinen nicht vieler Erklärungen bedürfen.

Art. 34 schließlich fasst noch einmal die allgemeinen Überlegungen zur Reform der Liturgie im spannungsreichen Verhältnis von Inkulturation und Tradition zusammen: Zum einen gilt es (so Art. 21), die unveränderlichen Teile der Liturgie zu bewahren (dies wäre der Anspruch der Tradition). Zum anderen gilt es aber auch, das Heilshandeln Gottes in und durch seinen Sohn Jesus Christus allen Menschen zu allen Zeiten in allen Kulturen zu verkünden (das wäre der Anspruch der Inkulturation). Das Konzil fasst dies so zusammen: Die Riten sollen nicht überladen sein, sie sollen ganz im Gegenteil in edler Einfachheit erstrahlen, sie sollen knapp und durchschaubar sein, unnütze Wiederholungen vermeiden, und sie sollen dem Fassungsvermögen der Gläubigen angepasst sein; die Gläubigen sollen die Riten auf Anhieb verstehen können ohne viele Erklärungen.

➔ **Art. 26**

Die liturgischen Handlungen sind keine privaten Handlungen, sondern Feiern der Kirche, die das „Sakrament der Einheit" ist, nämlich das heilige Volk, unter den Bischöfen geeint und geordnet. Daher gehen sie den ganzen Leib der Kirche an, machen ihn sichtbar und wirken auf ihn ein; seine einzelnen Glieder aber berühren sie auf verschiedene Weise, entsprechend der Verschiedenheit von Stand, Aufgabe und tätiger Teilnahme.

Dabei betont das Konzil in Art. 26, dass es sich bei liturgischen Handlungen nicht um private Handlungen handelt, sondern um Feiern der gesamten Kirche, des gesamten Leibes Christi. Wenn wir uns fragen, warum die Liturgie den ganzen Leib der Kirche betrifft, dann lässt sich im Rückblick auf die in 1 Kor 11 geschilderte „Krise von Korinth" sagen: Weil die Liturgie diesen Leib der Kirche sichtbar macht, auf ihn einwirkt, wie es heißt, und in der Liturgie die verschiedenen Glieder des Leibes auf je unterschiedliche Weise berührt sind.

→ **Art. 28**

Bei den liturgischen Feiern soll jeder, ob Amtsträger oder Gläubiger, in der Ausübung seiner Aufgabe nur das und all das tun, was ihm aufgrund der Natur der Sache und [aufgrund] der liturgischen Normen zukommt.

Deshalb unterstreicht Art. 28 auch noch einmal, dass in den liturgischen Feiern jeder all das, aber eben auch nur das tun soll, was ihm aufgrund der Sache und der liturgischen Normen zukommt. Es gibt also verschiedene liturgische Aufgaben und Dienste, die auch in der vom Konzil vorgenommenen Unterscheidung zwischen dem gemeinsamen Priestertum der Getauften und dem speziellen Priestertum des Vorstehers der Liturgie zum Ausdruck kommt.

? **Spricht auch das Konzil davon, wie die unterschiedlichen Lebensvollzüge der Gemeinde zusammenhängen?**

Art. 56

Die Sakramente sind hingeordnet auf die Heiligung der Menschen, den Aufbau des Leibes Christi und schließlich auf die Gott geschuldete Verehrung; als Zeichen haben sie auch die Aufgabe der Unterweisung. Den Glauben setzen sie nicht nur voraus, sondern durch Wort und Ding nähren sie ihn auch, stärken ihn und zeigen ihn an; deshalb heißen sie Sakramente des Glaubens. Sie verleihen Gnade, aber ihre Feier befähigt auch die Gläubigen in hohem Maße, diese Gnade mit Frucht zu empfangen, Gott recht zu verehren und die Liebe zu üben. Es ist darum sehr wichtig, dass die Gläubigen die sakramentalen Zeichen leicht verstehen und immer wieder zu jenen Sakramenten voll Hingabe hinzutreten, die eingesetzt sind, um das christliche Leben zu nähren.

Das Konzil betont in Art. 56 genau diese wechselseitige Beziehung zwischen Glauben und Liturgie, wie wir sie schon bei Prosper von Aquitanien in dem Axiom lex orandi – lex credendi kennengelernt haben. Zum einen setzt die liturgische Feier der Sakramente den Glauben voraus, zum anderen nährt aber diese Feier auch den Glauben der versammelten Gemeinde, kräftigt ihn also, baut ihn auf.

Damit Liturgie dies tun kann, muss sie aber immer wieder kritisch überprüft werden, ob sich nicht vielleicht Dinge in sie eingeschlichen haben (Art. 21), die sogar vom wesentlichen Inhalt der Liturgie, der Feier des Heilshandelns Gottes in seinem Sohn Jesus Christus, eher ablenken und wegführen.

Verschiedene Elemente der Liturgiereform des Zweiten Vatikanischen Konzils sind bisher deutlich geworden:

- **Das Konzil sieht das spannungsreiche Verhältnis von Bewahrung und Erneuerung, von Inkulturation und Tradition, durchaus realistisch. Die Liturgiereform** des Zweiten Vatikanischen Konzils war, jedenfalls von ihrem Grundanliegen her, gerade nicht das, als was viele so genannte „Traditionalisten“ sie kritisieren: ein Bildersturm, der alles Überkommene beseitigen wollte.

- Die Liturgiereform ist ein behutsames Abwägen zwischen jenen unveränderlichen Teilen, die Kraft göttlicher Einsetzung eben nicht menschlicher Verfügung obliegen, und jener veränderlichen rituellen Ausgestaltung, die immer wieder aufs Neue einer „Verleiblichung“ in der konkreten kirchlichen Gemeinde bedarf.

- Die inhaltliche Leitidee des Konzils ist es, die zentralen Inhalte der Feier der Eucharistie den Gläubigen wieder deutlicher vor Augen zu führen. Erinnert sei an dieser Stelle noch einmal an das Zitat von Augustinus: „Empfangt, was ihr seid, Leib Christi, damit ihr werdet, was ihr empfangt!“ Gerade weil die versammelte Gemeinde Leib Christi ist, weil sie die Trägerin der Liturgie ist, muss sie, um immer vollkommener zur Gemeinschaft mit Gott in Jesus Christus zu gelangen, sich in jeder Feier der Eucharistie aufs Neue darin einüben.

- Hierzu ist es vonnöten, dass die Gläubigen möglichst bewusst aktiv teilhaben am liturgischen Geschehen („actuosa participatio“).

- Insofern sind dann auch konkrete Auswirkungen der Liturgiereform (wie z. B. die stärkere Gewichtung der Landessprache, die Straffung und Vereinfachung der Riten) die notwendige Konsequenz aus dem theologischen Leitsatz, dass alle möglichst aktiv teilhaben sollen an der Feier der Liturgie.

3.2 Die Unterscheidung von Sinn und Feiergestalt der Liturgie

? Kann man das Verhältnis von (liturgischer) Feierform und (theologischem) Inhalt noch weiter präzisieren?

Der (kürzlich verstorbene) Innsbrucker Liturgiewissenschaftler und Jesuit Hans Bernhard Meyer hat dieses spannungsreiche Verhältnis beschrieben. Er unterscheidet hierbei zwischen der so genannten Sinngestalt der Liturgie und deren Feiergestalt (vgl. Meyer, Eucharistie, 444ff.).

Die Sinngestalt umfasst den Inhalt, das, was gefeiert wird: „die formale Dynamik (Vollzugsform), die der Feier ihren Sinn gibt und durch die deren Einzelaspekte ihre theologische Bedeutung erhalten, untereinander verbunden und in das Ganze integriert sind." Man könnte die Sinngestalt auch als die theologische Grundgestalt der Liturgie bezeichnen oder von Sinn-Gehalt sprechen.

? Und die Feiergestalt ist dann die konkrete Form der liturgischen Feier?

Mit „Feiergestalt" bezeichnet Meyer: „den materialen Ausdruck der formalen Sinngestalt und [sie] umfasst sowohl die anthropologischen als auch die in der Stiftung Jesu gründenden Elemente und Vollzüge der Eucharistiefeier, in denen deren Sinngestalt zum Ausdruck kommt."

? Aber wie sind diese beiden Aspekte zu unterscheiden, bzw. einander zuzuordnen?

Hans Bernhard Meyer sagt zum Verhältnis von Sinn- und Feiergestalt: Sinn- und Feiergestalt sind wohl zu unterscheiden, aber nicht zu trennen. Beide Kategorien greifen also ineinander und sind nur von der jeweils anderen Kategorie her zu verstehen: „Denn die formale Sinngestalt kann nur aus dem ‚Material' der Feiergestalt(en) gewonnen werden. Umgekehrt ist die Sinngestalt Kriterium für die sachgerechte Feiergestalt." Mit dieser Aussage ist ein zentraler Punkt erfasst: Die Sinngestalt ist das Kriterium für eine Feiergestalt, die der Sache Jesu Christi angemessen ist.

? Heißt das, ich muss mir die konkrete liturgische Feierform anschauen und kann nur aus dieser heraus beurteilen, ob die Feier der Sinngestalt angemessen ist?

Sucht man Kriterien zur Beurteilung verschiedener Feierformen, so kann das Kriterium nur die Sinngestalt sein. Wir müssen uns also Gedanken darüber machen, was die adäquate Sinngestalt von christlicher Liturgie ist, um hieraus dann Folgerungen für die konkrete Feiergestalt ziehen zu können. Diese Sinngestalt ist aber keine Idee abstrakter Art, sondern sie kann wiederum nur aus dem ganz konkreten Material der Feiergestalt gewonnen werden.

? Das klingt aber kompliziert! Kann man das einmal ganz konkret an der Eucharistie verdeutlichen?

Konkretisieren wir die Überlegungen für die Eucharistie, so lässt sich sagen: Eucharistie ist wie jede Liturgie ein realsymbolisches Tun, oder, wie wir es im 1. Kapitel genannt haben, eine symbolische Inszenierung. Diese bringt „die gemeinte Sache, deren Wesen und Wirkung nur im Vollzug der Ausdrucksgestalt zur Erscheinung und damit zur [realen] Existenz" (Meyer, Eucharistie, 446). Das heißt: Jede Liturgie setzt sich aus Sinn- und (!) Feiergestalt zusammen:

Sinngestalt ◄——► Liturgie ◄——► Feiergestalt

Erst das Ineinander beider Aspekte macht die Liturgie aus. In der konkreten Liturgie sind Sinn- und Feiergestalt aufs Engste miteinander verwoben.

Speziell hinsichtlich der Eucharistie ist herauszuheben, dass die Sinngestalt das „lobpreisende Gedächtnis" von Leiden, Tod und Auferstehung Jesu Christi ist. Dieses lobpreisende Gedächtnis drückt sich darin aus,

- dass wir Brot und Wein bereitstellen
- und über Brot und Wein ein Gebet sprechen,
- in dem der Heiltaten Gottes gedacht wird
- und der Geist auf die Gaben und die versammelte Gemeinde herabgerufen wird,
- dass wir das Brot brechen,
- den Wein ausgießen,
- beide eucharistischen Gaben austeilen und Mahl halten.

Wenn dies auch zunächst sehr allgemein klingt, so lässt sich doch sagen: Anhand der Entwicklung von der paulinischen Gemeinde in Korinth bis zur Traditio Apostolica haben wir gesehen, dass, obwohl sich die verschiedenen Feierformen unterscheiden, die Sinngestalt der Eucharistie gleich geblieben ist: Sie besteht im lobpreisenden Dank für das in Jesus Christus Wirklichkeit gewordene Heil.

Auf unsere Frage hin konkretisiert heißt das:

! **Eine gottesdienstliche Feier, speziell die Eucharistie, ist nur dann christliche Liturgie, wenn in der Feiergestalt zum Ausdruck kommt, dass die Sinngestalt im lobpreisenden Gedächtnis des Heilshandelns Gottes in und durch Jesus Christus besteht. Wenn ich zu dieser Sinngestalt „Amen" sagen kann, dann kann ich auch an der liturgischen Feier teilnehmen.**

3.3 Bündelung und Zwischenbilanz

Wenn wir uns im Rahmen dieses Grundkurses darüber Gedanken machen, wie eine angemessene Feiergestalt der Liturgie aussehen kann, so gilt es immer die Sinngestalt im Blick zu behalten. Wir müssen einen entsprechenden Kriterienkatalog vorlegen. Es muss deutlich werden, was von der Liturgie, von ihrem Sinn, von ihrer Sinngestalt her „eigentlich" klar sein sollte. Denn es kann nicht angehen, dass jedes Mal aufs Neue diskutiert werden muss, was eigentlich die christliche Liturgie auszeichnet. Oder mit den Worten Justins des Märtyrers und auf die Eucharistie konkretisiert: Es muss klar sein:

- dass die Liturgie immer die Feier der Getauften ist,
- in der die Heilstaten Gottes verkündet werden,
- und in deren Zentrum das Gebet über die Gaben von Brot und Wein steht.

Ferner muss klar sein,

- welches die Inhalte dieses Gebetes sind,
- zu denen ich als getaufter Christ mein „Amen" sagen kann.

Gerade im Hinblick auf die Behandlung der einzelnen liturgischen Vollzüge in den folgenden Bänden des Grundkurses ist es wichtig, dass ein gewisser „common sense", ein Grundkonsens darüber besteht, was die Sinngestalt christlicher Liturgie ist und wie sich diese Sinngestalt in der Feiergestalt auszudrücken hat.

Das Problem besteht nun darin, dass wir der einen Sinngestalt christlicher Liturgie nicht immer genau eine Feiergestalt zuordnen können; dass sich die Feiergestalten – zumal in ihren verschiedenen konfessionellen Ausprägungen – im Laufe der Jahrhunderte sehr stark auseinanderentwickelt haben. Schon der Blick in die Historie hat deutlich gemacht, dass es in der Liturgiegeschichte bereits früh unterschiedliche Ausprägungen der Feiergestalt gab, vielfältige Formen, in denen sich die eine Sinngestalt ausgedrückt hat. Dies sollte uns aber eher ermutigen, auch wenn es naturgemäß die Beantwortung unserer Frage nicht wirklich vereinfacht.

? Wie finden wir denn nun eine Richtschnur für eine angemessene Form der Feier der Liturgie?

Wenn wir uns fragen, wie die Sinngestalt sich in der Feiergestalt ausdrücken kann, so geht es darum, dass wir einen Kanon finden: einen liturgischen Kanon im ursprünglichen Sinn des Wortes, ein Geländer, eine Richtschnur, an der wir uns festmachen können; ein Gesetz des Betens (lex orandi), das wirklich unserem Glauben (lex credendi) entspricht, eine Liturgie, die wirklich geistliche Quelle ist, aus der wir unsere Nahrung beziehen, und Höhepunkt des gemeindlichen Lebens, auf den wir zusteuern (SC 10). Dabei lässt sich das bisher Gesagte noch einmal kurz wie folgt zusammenfassen:

!

- **Sowohl der Blick in biblische Texte und die Geschichte der Liturgie als auch die Aussagen des Zweiten Vatikanischen Konzils haben deutlich gemacht, dass die Grundstruktur der Liturgie dialogisch ist.**

- **Liturgie ist immer von der Sinngestalt her Handeln Gottes an den Menschen. Diese absteigende Grundrichtung wird auch die katabatische Dimension der Liturgie genannt.**

- **Gott richtet sein Wort an den Menschen, was in vielfältigen liturgischen Vollzügen deutlich wird, nicht zuletzt und am deutlichsten in der Schriftlesung.**

- **Die Menschen antworten auf die Anrede Gottes im Gesang und im Gebet. Diese aufsteigende Linie ist die anabatische Dimension der Liturgie.**

- **Die Frage des Konzils nach der „actuosa participatio“, der tätigen Teilnahme aller Gläubigen, ist gleichbedeutend mit der Frage, wie es den Gläubi-**

gen ermöglicht werden kann, jene Antwort auf die Anrede Gottes zu geben.

- **„Actuosa participatio" bezeichnet demnach die Fähigkeit aller Getauften, die am christlichen Gottesdienst teilnehmen, auf die Anrede Gottes in der Kraft des Heiligen Geistes zu antworten: „Zum Lobpreis seiner Herrlichkeit"!**

4 „Das Konzil war erst der Anfang!“ Warum auch weiterhin gilt, dass die Liturgie immer eine „zu Reformierende“ bleibt

Im 3. Kapitel hatten wir gesehen, welche theologischen Leitlinien das Zweite Vatikanische Konzil für die Reform der Liturgie vorsieht. Im 4. Kapitel wollen wir uns mit der Frage beschäftigen, wie die Reform der Liturgie weitergehen kann.

?

Ist denn eine Veränderung oder Reform der Liturgie mit der letzten Liturgiereform durch das Zweite Vatikanische Konzil zu einem Abschluß gekommen?

Nein, denn die Umsetzung der Sinngestalt in eine angemessene Feiergestalt ist ja nicht ein für allemal erledigt. Wir hatten ja schon im 2. Kapitel – anhand der knapp 150 Jahre, die zwischen Paulus und der Gemeinde der Traditio Apostolica liegen – gesehen, wie stark sich bereits in einer relativ kurzen Zeitspanne die Feiergestalt der Liturgie verändern kann.

Die Liturgie, so wurde im Anschluss an das Konzil oftmals betont, bleibe eine immer weitere zu reformierende und in den vorgelegten Überlegungen haben wir versucht zu verdeutlichen, warum dies so ist:

Letztlich ist immer eine konkrete versammelte Gemeinde Trägerin der Liturgie. Denn: Eine abstrakte, überzeitliche Feier der Liturgie gibt es nicht!

Nun sehen wir sicherlich die Auswirkungen der letzten Liturgiereform knapp 40 Jahre nach dem Konzil auch mit kritischen Augen. Vordergründig betrachtet lässt sich sagen, dass manche Kirchen zumindest nicht voller geworden sind, manche Menschen die Feierlichkeit der Riten vermissen, eine zunehmende Banalisierung der Gottesdienste oftmals die letzten gutgläubigen Christenmenschen eher noch aus den Kirchen treibt. Die Frage ist, ob dies der letzten Liturgiereform anzulasten ist?

Wir meinen: Nein, zumindest nicht primär und ausschließlich! Für leerer werdende Kirchen sind auch religionssoziologische Faktoren verantwortlich, die sicher zunächst nichts mit der letzten Liturgiereform zu tun haben. Ganz im Gegenteil zeigen sogar historische Untersuchungen, dass ein Abwärtstrend in den Kirchenbesuchszahlen, der schon nach dem Ersten (!) Weltkrieg einsetzt, sogar in den Jahren nach dem Zweiten Weltkrieg und nach dem Konzil eher noch etwas abgemildert wurde. Insofern ist also davor zu warnen, die oben genannten Kritikpunkte alleine dem letzten Konzil anzulasten, oder nur der Liturgiereform.

? **Was ist angesichts der gegenwärtigen Situation unserer Kirchengemeinden der angemessene Umgang mit der Liturgie?**

Es kann an dieser Stelle nicht darum gehen, pauschale Lösungsvorschläge vorzulegen. Der eine oder andere Aspekt ist bei der Behandlung der einzelnen liturgischen Vollzüge in den weiteren Bändern des Grundkurses noch weiter zu behandeln. Aber dennoch können wir aus dem bisher Gesagten lernen: Geschichte, Liturgiegeschichte, Kirchengeschichte, die ja immer die ganz konkrete, leibhaftige Geschichte Gottes mit seinem Volk ist, kann für uns „Lernort“ sein. Wie wir im 1. Kapitel unserer Überlegungen gesehen haben, sind es die typischen Begegnungssituationen zwischen Gott und Mensch, die immer neu ausgelegt werden. Hier finden wir Beispiele, aus denen wir lernen können. Wir können versuchen, die Geschichte zu verstehen, um hieraus Konsequenzen für unsere eigene Zukunft zu ziehen. Beschränken wir uns dabei an dieser Stelle auf einige wenige Punkte:

4.1 Die (notwendige) Spannung von Ritual und Spontaneität, von Gemeinschaft und Individuum

Wir haben auf der einen Seite gesehen, dass die Liturgie einen überlieferten, tradierten, und damit festgefügten Anteil hat, der von vielen als starres Korsett empfunden werden mag. Auf der anderen Seite ist positiv festzuhalten, dass gerade dieser rituelle Anteil vom Zwang zur Spontaneität entlastet.

Gerade weil Liturgie als Feier des einen Leibes Christi immer einen Gemeinschaftsaspekt hat, ist es wichtig, den vorgegebenen Rahmen der Liturgie nicht aus dem Blick zu verlieren. Auf der anderen Seite dürfen wir aber ebenso wenig vernachlässigen, dass es sich um eine Feier von höchst individuellen Menschen handelt, die zur Kirche kommen, mit ihren je unterschiedlichen Biografien, mit ihren sehr unterschiedlichen Erwartungen, Sehnsüchten, Hoffnungen, Ängsten, Fragen.

Was heißt also dann „actuosa participatio", tätige und bewusste Teilnahme aller Getauften – in der Spannung von Ritual und Spontaneität? Actuosa participatio ist Mittel zum Zweck, so hatten wir gesehen, sie dient einzig und allein dazu, dem Volk Gottes und jedem einzelnen Glied zu ermöglichen, authentisch den Anruf Gottes zu beantworten.

Dabei enthält schon das Wort „actuosa" den Hinweis, dass es nicht um geschäftige Teilnahme geht. Wie alle Adjektive, die im Lateinischen auf „-osus" enden, bezeichnet auch „actuosus" die Fülle, das Erfülltsein von etwas: „Actuosa" ist also nicht dasselbe wie „activa".

Vorhin haben wir bei der Durchsicht der Konzilstexte auch Art. 28 der Liturgiekonstitution näher betrachtet, gemäß dem jeder nur das und all das tun soll, „was ihm aufgrund der Natur der Sache und der liturgischen Normen zukommt". Es gibt also in der Liturgie durchaus, neben der fundamentalen Gleichheit aller Getauften vor Gott, so etwas wie eine Rollenverteilung. Das Konzil spricht von dem hierarchisch gegliederten Gottesvolk

(SC 7, 10, 14). Wenn sich aber viele liturgische Dienste und Aufgaben in einer Person bündeln, so ist das ganz sicher nicht im Sinne des Konzils. Man denke etwa an einen Kaplan, der mit umgehängter Gitarre die Kirchenmusik leitet, gleichzeitig als Lektor fungiert, sowie als Kommunionhelfer und Vorsteher der Liturgie.

Bei der Behandlung der einzelnen liturgischen Feierformen wird darauf zu achten sein, wie die Spannung zwischen der Artikulation meines individuellen Glaubens (SC 9) und der vorgegebenen Form der Liturgie ausbalanciert werden kann, und wie alle Getauften, die die Liturgie mitfeiern, wirklich in der ihnen angemessenen Weise tätig an der Liturgie teilnehmen können.

4.2 Liturgie im Spannungsgefüge der anderen kirchlichen Grundvollzüge

Wie wir gesehen haben, ist die Liturgie vielfältig eingebettet in das Gesamt der kirchlichen Grundvollzüge: Liturgie, Diakonie und Martyrie (Verkündigung/Zeugnis) sind nicht zu trennen. Schon seit der Alten Kirche wird, wie wir gesehen hatten, dieses Verhältnis auch mit dem Axiom „lex orandi – lex credendi" umschrieben; das Gesetz des Betens bestimme das Gesetz des Glaubens und umgekehrt. In jüngster Zeit ist eine Tendenz zu verzeichnen, diesen beiden Polen gemäß den genannten Grundvollzügen einen dritten Aspekt hinzuzufügen: die so genannte „lex agendi", das Gesetz des Handelns, also das diakonale Tun der Kirche.

Wenn wir die einzelnen liturgischen Feierformen betrachten, gilt es immer wieder, diese drei Spannungspole zu betrachten, denn: Eine gottesdienstliche Feier, die nicht den authentischen Glauben der Kirche artikuliert, läuft ins Leere, ebenso wie ein Gottesdienst zum Götzendienst verkommt, wenn er nicht im Gottesdienst des Lebens, dem Dienst am Nächsten, gleichsam „geerdet" ist.

Dabei zeigt die Geschichte der Liturgie immer wieder, dass es solche Einseitigkeiten gab (und gibt): Man denke etwa an die Taufpraxis. Während Theologie und Glaubenslehre der Kirche sehr stark betonen, dass sich in der Taufe ein mündiger Mensch für den Glauben entscheidet und die Taufe bewusst empfängt, werden in der liturgischen Feierpraxis vor allem unmündige Kinder getauft; oder man betrachte die Opferthematik, hinsichtlich der die ökumenischen Konsensgespräche über die Eucharistie zwischen den verschiedenen christlichen Kirchen weitreichende Ergebnisse für ein vertieftes Verständnis des Opfercharakters der Feier erbracht haben, ohne dass sich diese Ergebnisse bislang ausreichend in der konkreten Feiergestalt der Liturgie (insbesondere den liturgischen Texten) niedergeschlagen hätten.

Auch hier gilt, dass ein Blick auf das geschichtliche Werden der Liturgie u. U. Hilfen bieten kann, wie solche Einseitigkeiten in unserer Zeit auszugleichen sein können, zum Beispiel die Wiederbelebung einer Feierpraxis, welche die Lebenssituationen der Feiernden ernst nimmt, eine Praxis, wie sie die Alte Kirche für ihre Taufbewerber kannte, könnte ein entsprechender Schritt sein.

4.3 Das Ernstnehmen unserer Zeichenhandlungen

Vor einigen Jahren stand ein Artikel in der Zeitschrift „Gottesdienst", in dem eine Feier der Osternacht beschrieben wurde: Der Pastor hatte zwei Gemeinden zu betreuen und musste also zwei „Osternächte" feiern. So versammelte sich die erste Gemeinde bereits am Karsamstag am frühen Abend bei noch strahlendem Sonnenschein. Das Osterfeuer wurde entzündet und der Pastor begann die Einleitung aus dem Messbuch vorzulesen: „[…] Auch wir sind in dieser Nacht der Einladung gefolgt […]."

Aus und vorbei! Es gibt hier einen einfachen liturgischen Grundsatz: Tut, was ihr sagt, und sagt, was ihr tut!

Um ein anderes Beispiel zu bennenen: Ein Säugling wird getauft, er wird gesalbt mit dem Chrisam-Öl, doch sobald ein paar Tropfen auf seine Stirn gelangt sind, wird das Öl, in gutwilliger Absicht, sofort wieder abgewischt. Ähnlich ist es bei der eigentlichen Taufe, beim Übergießen mit dem Wasser oder Eintauchen in das Wasser. Von den Chaosmächten des Wassers, wie es im Hochgebet über das Taufwasser heißt, ist nichts mehr zu spüren, wenn sich die Taufe auf ein paar Spritzer Wasser beschränkt. Aber wie soll dann die Wiedergeburt im Zeichen erfahren werden, die Gott uns in der Taufe schenkt?

Oder aus dem Bereich der Eucharistie: Wenn die zentralen Zeichenhandlungen innerhalb der Feier der Eucharistie die Handlungen mit Brot und Wein sind, dann ist die Frage wichtig: Wie gehen wir mit diesen Zeichen um? Wir alle essen von dem einen Brot, so heißt es in der Schrift. Tun wir das? Paulus schreibt in 1 Kor 10,16f.: „Ist der Kelch des Segens, über den wir den Segen sprechen, nicht Teilhabe am Blut Christi? Ist das Brot, das wir brechen, nicht Teilhabe am Leib Christi? Ein Brot ist es. Darum sind wir viele ein Leib; denn wir alle haben Teil an dem einen Brot."

Gibt uns der Kelch „Teilhabe am Blut Christi", also Gemeinschaft an ihm und untereinander, wenn wir an diesem Kelch gar keinen Anteil haben? Weil wir nicht aus ihm trinken?

Wie ernst nehmen wir unsere eigenen Zeichen? Wie viel Zeit lassen wir uns für die zentralen Zeichen? Auch dies sind Fragen, die es im Blick zu halten gilt, wenn Liturgie „Quelle und Höhepunkt" des christlichen Lebens sein soll. Zeichen, die nonverbalen wie die sprachlichen, müssen sorgsam ausgewählt und gesetzt werden, damit Gott gemäß den Lebensvollzügen menschlicher Existenz (vgl. das 1. Kapitel) bei uns „ankommen" kann. Letztlich wird auf diesem Weg unser Leben ein Stück zum „Himmel auf Erden".

Schlusswort

Wir haben diesen Band begonnnen mit einer kurzen Beschreibung der Feier der Osternacht. Am Licht-Lobpreis des Exsultet haben wir ablesen können, dass Liturgie die Feiernden mit den großen Heilsereignissen der Geschichte Gottes mit den Menschen verbindet. Ja, nicht nur verbindet, sondern uns als Feiernde in diese Heilsereignisse hineinversetzt. So werden diese eigentlich vergangenen Ereignisses in der Feier der Liturgie gegenwärtig und wirken auf unser Leben ein. Und weil wir darauf vertrauen, dass Gott treu ist und an uns genauso handeln wird, dürfen wir für die Zukunft vertrauensvoll unsere Bitten an ihn richten. So verschränken sich in der Feier der Liturgie Vergangenheit, Gegenwart und Zukunft, wie es das Exsultet poetisch besingt:

[1]Gekommen ist das heilige Osterfest, an dem das wahre Lamm geschlachtet ward, dessen Blut die Türen der Gläubigen heiligt und das Volk bewahrt vor Tod und Verderben.

[2]Dies ist die Nacht, die unsere Väter, die Söhne Israels, aus Ägypten befreit und auf trockenem Pfad durch die Fluten des Roten Meeres geführt hat.

[3]Dies ist die Nacht, in der die leuchtende Säule das Dunkel der Sünde vertrieben hat.

[4]Dies ist die Nacht, die auf der ganzen Erde alle, die an Christus glauben, scheidet von den Lastern der Welt, dem Elend der Sünde entreißt, ins Reich der Gnade heimführt und einfügt in die heilige Kirche.

[5]Dies ist die selige Nacht, in der Christus die Ketten des Todes zerbrach und aus der Tiefe als Sieger emporstieg.

Angesichts einer solchen Verdichtung des Heilshandelns Gottes in der Gedächtnisfeier der Liturgie, kann der Mensch gar nicht anders, als mit Leib und Seele in den lobpreisenden Dank Gottes einzustimmen: „Sagt Gott, dem Vater, jederzeit Dank für alles im Namen Jesu Christi unseres Herren“ (Eph 5,20). Die Liturgie mit all ihren Texten und Symbolen steht im Dienste dieses ganzheitlichen Lobpreises.

Vielleicht ist es uns, nach den Einblicken in die Struktur und die Geschichte der Liturgie, möglich, in einer kommenden Osternacht in dieses Lob noch bewusster einzustimmen: „in Psalmen, Hymnen und Liedern, wie sie der Geist uns eingibt“! (Eph 5,19.20)

Literaturhinweise

Die nachfolgenden Literaturhinweise beziehen sich zum einen auf die in den einzelnen Kapiteln verwendete, und dort jeweils nur in Kurztiteln angegebene Literatur. Außerdem sind Titel angegeben, die wir bei dem Wunsch, sich weiter mit den einzelnen Themen zu beschäftigen, zur weiteren Lektüre empfehlen.

Zur Anlage der Osternacht/zum Exsultet:

Fuchs, Guido/Weikmann, Hans Martin. Das Exsultet. Geschichte, Theologie und Gestaltung der österlichen Lichtdanksagung. Regensburg 1992.

Bongartz, Heinz-Günter / Steins, Georg. Österliche Lichtspuren. Alttestamentliche Wege in die Osternacht. Ein Lese- und Arbeitsbuch. München 2001.

Zur anthropologischen Grundlegung:

Haeffner, Gerd. Philosophische Anthropologie. Grundkurs Philosophie Bd. 1. Stuttgart 3., völlig neu bearbeitete Aufl. 2000, bes. die Abschnitte A., B. und D.

Lengeling, Emil Joseph. Liturgie – Dialog zwischen Gott und Mensch. (Hrsg. von Klemens Richter). Altenberge ^{2}1991.

Verweyen, Hansjürgen. Warum Sakramente? Regensburg 2001, bes. 11–25.

Zur angewendeten exegetischen Methodik:

Feldmeier, Reinhard. Der Gekreuzigte im „Gnadenstuhl". In: Philonenko, Marc. (Hg.) Le Trône de Dieu. (Wissenschaftliche Überlegungen zum Neuen Testament 69). Tübingen 1993, 213–232.

Löning, Karl. Das Geschichtswerk des Lukas. Bd. 1: Israels Hoffnung und Gottes Geheimnisse. Stuttgart 1997, bes. 11–18.

Kritische Textausgaben der hier verwendeten liturgiegeschichtlichen Quellentexte:

Didache. Zwölfapostellehre. Übersetzt und eingeleitet von G. Schöllgen. (Fontes Cristiani 1). Freiburg 1991.

Traditio Apostolica. Apostolische Überlieferung. Übersetzt und eingeleitet von Wilhelm Geerlings. (Fontes Christiani 1). Freiburg 1991.

Zur Frage der Sinn- und Feiergestalt der Liturgie:

Meyer, Hans Bernhard. Eucharistie. (Gottesdienst der Kirche. Handbuch der Liturgiewissenschaft 4). Regensburg 1989, bes. 444ff.

Allgemeine Einführungen in die Liturgie (-wissenschaft):

Jilek, August. Basiswissen christliche Liturgie. Aufhausen 2000.

Liturgie im Fernkurs <www.liturgie.de/lif.html>.

Messner, Reinhard. Einführung in die Liturgiewissenschaft. Paderborn 2001.

August Jilek

Das Brotbrechen

Eine Einführung in die Eucharistiefeier

Kleine Liturgische Bibliothek, Band 2

248 Seiten, kartoniert
ISBN 3-7917-1437-6

Welche der vielen Handlungen, die heutzutage zur Eucharistiefeier gehören, gehen auf Jesus Christus selbst zurück? Und was ist ihr ursprünglicher Sinn? Wie haben die Christen der römischen Kirche z. B. im 2. und 3. Jahrhundert Eucharistie gefeiert?
Indem der Autor diesen und anderen Fragen nachgeht und Antworten gibt, entsteht ein ebenso einfaches wie beeindruckendes Bild frühchristlicher Liturgie. Zugleich werden auch die heutigen, weitaus komplizierteren Formen der Eucharistiefeier verständlicher. Wer diese begreifen, mitgestalten und feiern will, erhält eine didaktisch ansprechende und unkomplizierte Erklärung der liturgischen Vollzüge. Zugleich ergeben sich Einsichten zu alten und neuen Fragen der Frömmigkeit sowie viele Anregungen und Vorschläge für die gottesdienstliche Praxis.

„Ein Buch, wie man es sich schon lange gewünscht hat."
Gottesdienst

Verlag Friedrich Pustet • Regensburg